大宋侃史官

李飞 著

中国华侨出版社
·北京·

图书在版编目（CIP）数据

大宋侃史官／李飞著. —北京：中国华侨出版社，
2021.7
ISBN 978-7-5113-8541-3

Ⅰ．①大… Ⅱ．①李… Ⅲ．①中国历史—宋代—通俗
读物 Ⅳ．①K244.09

中国版本图书馆CIP数据核字（2021）096962号

●大宋侃史官

著　　者／李　飞
责任编辑／李胜佳
封面设计／一个人·设计
经　　销／新华书店
开　　本／710毫米×1000毫米　1/16　印张／15　字数／211千字
印　　刷／北京溢漾印刷有限公司
版　　次／2021年7月第1版　2021年7月第1次印刷
书　　号／ISBN 978-7-5113-8541-3
定　　价／49.80元

中国华侨出版社　　北京市朝阳区西坝河东里77号楼底商5号　　邮编：100028
法律顾问：陈鹰律师事务所
编辑部：（010）64443056　　　　64443979
发行部：（010）64443051　　　传　真：64439708
网　址：www.oveaschin.com　　E-mail：oveaschin@sina.com

如发现印装质量问题，影响阅读，请与印刷厂联系调换。

前 言

Preface

一千多年前，新年伊始，一位年仅33岁、名叫赵匡胤的年轻军官，把天地乾坤翻了过来，一夜之间建立了一个崭新的王朝，定三百年帝国基业。刀光剑影有之，励精图治有之，力挽狂澜有之，歌舞升平有之……大宋帝国，始终在世人纠结与不解的目光中踽踽而行。

有人说，这是一个极好的朝代，有才有钱，国富民安，老百姓喜笑颜开，连卖炊饼的都能娶到如花美眷……

有人说，这是一个极糟的朝代，屡失国土，软弱无骨，从建立之初就脆得一塌糊涂，谁看不顺眼都可以恣意欺辱，随时都有可能被颠覆……

有人说，这是一个迷离和传奇、失落和畸形杂糅在一起的朝代：在天下第一的权力面前，什么血缘、亲情、爱情，都已然不那么重要；什么父子、叔侄、兄弟，都不及一颗"帝王之心"。

那么，宋朝，到底是怎样的一个时代？——它，需要你亲自去感悟。

宋朝那些事儿，有些凄惨，有些血性，有些甜蜜，有些风情，有些铁案板上钉钉，也有悬案迷雾重重……

思绪回到宋朝，这里有讲不完的故事，聊不完的谈资。

现在，马上，开始，我们的"宋朝史"。

——趣料，秘史，逸事，知识，敬请看——《大宋侃史官》！

这是一本让你读得开心、记得牢靠、有趣有料有深度的正经宋朝史！

填补你历史知识的空白，让你才华轻松被激发，学习从此不枯燥，生活变得更有趣！

　　这是一本有灵魂、有内容的正经宋朝史，那些陷落在历史深处的人物在作者笔下的这一刻，不再是一个个生硬刻板的名字，而是一个个灵魂都散发着趣味的时代见证者。作者用现代人熟悉的诙谐手法，将宋朝的发展、更迭、龙争虎斗、爱恨情仇以独特的视角展现出来，精彩，不容错过！

　　这里需要说明一下，小生不是资深历史学家，因而书中的讲述或许会存在那么一点偏差，就麻烦大家仔细地给小生纠错吧，小生在此谢过了！

目 录

Contents

篇三 浑身上下都是戏，赵光义步步惊心锄异己

篇四 问君能有几多愁，恰似一江春水向东流！

篇五　血流成川！契丹与中原相爱相杀那些年

篇六　内忧外患不断，王朝在党争中苟延残喘

篇九　引虎拒狼再现，南宋死得一点也不冤！

乱云飞渡，五代十国这个 六亲不认的江湖

朱友珪对于这件事自然是又急又气恼，心说杨师厚你牛什么牛，你那么怕我爸爸，现在我爸爸都让我弄死了，你还敢跟我尥蹶子？——"传旨，朕要约谈杨师厚。"

杨师厚收到消息，回复了个"呵呵"，点起两万精兵直奔京城："皇上，听说你想约谈我？"

……

老四，原来，你一直是老三的人

公元 907 年，大唐天祐四年，唐诸道兵马元帅朱温废唐哀帝李柷为济阴王，篡唐自立，改元开平，国号大梁，曾盛极一时的大唐王朝正式宣告灭亡。

消息传到河东，晚唐第一猛将、晋王李克用涕泗滂沱，竟悲伤过度，一病不起。翌年，他便带着满腔的悲愤一命呜呼了。

弥留之际，李克用将儿子李存勖叫到病榻前，从被窝里掏出三根狼牙箭，恶狠狠地对他说："你用心中的小本本记一下：这不是三根箭，这是三个人！你务必记住他们的名字：他们是朱温、刘仁恭、耶律阿保机，这三个人与我有不共戴天之仇，此仇不报，我心中属实苦涩！"

话说到这里，昔日名动天下的"飞虎子"便咽下了他人生中的最后一口气，与他所效忠的大唐王朝一起被掩埋在了历史的灰烬之中。

李存勖伏地大哭，几欲昏厥，良久，他缓缓起身，望着父亲留下的三根箭，目欲滴血……

话分两头，却说朱温称帝以后，爱妻亡故，相思入骨，日渐憔悴，他的儿子们见状纷纷相劝："爸爸，母后都走这么久了，要不您再立一位皇后吧，您这堂堂大梁皇帝，日理万机，后宫总不能没个女人照顾啊！"

朱温幽幽叹道："我怎么能对不起你们母亲的在天之灵呢？爸爸我委实不是那样的人！要不然这样，你们这群臭小子公务繁忙，也没时间照顾我这糟老头子，就让你们的媳妇轮流进宫，代替你们到床前尽孝吧！"

儿子们闻言，都觉得爸爸情深义重，用心良苦，敬仰之情如滔滔流水绵延不绝，一致表示："儿媳们得以侍奉床前，那是她们几辈子修来的福分！"

在接下来的日子里，朱温的儿媳们纷纷入宫尽孝，她们为了让老人家晚年幸福，施展出浑身解数，而朱温则根据儿媳的表现给儿子评分——哪个儿媳表现最好，哪个儿子就最孝顺，将来就有更大的概率成为皇位继承人。

于是，为了将来成为一人之下万人之上的大梁国母，儿媳之间暗自较劲，展开了一场又一场"我为家翁献孝心"的竞技大赛。

可是，不知道为什么，在众多儿媳的悉心照料之下，朱温的身体非但没有好转，反而每况愈下。他大概猜测到自己大限将至，于是对表现最好的朱友文媳妇王氏说："王啊，爹可能快不行了，改天叫你老公一起过来吧，我把位置传给他。"

王氏一听，眼泪在美目中流转："爹，您别瞎说，您老人家身强体壮、钢筋铁骨，龙精虎猛，生龙活虎，一定会万岁万岁万万岁的！"她心中却暗自高兴：这么多天，老娘总算没白忙活！

然而，各怀心思的两个人谁也没有注意到，在场的另一个人眼神中已经隐隐露出了凶光。

郢王朱友珪的媳妇张氏当时恰好也在宫中，她闻听此言，顿觉五雷轰顶，想想这段时间没日没夜地辛苦侍奉，结果竹篮打水一场空，不禁羞愤汹涌——决不能让他们得逞！

当天夜里，张氏回到家中，忙将此事告于老公，并添油加醋地怂恿："你爸可说了，为了避免你们兄弟相争，准备派你去外地做个刺史公。你们可不是亲兄弟，你自己寻思去吧！"

朱友珪当时吓得小脸煞白，不是说去外地做刺史这件事情不可接受，而是自古皇家无骨肉，一般都是一人得道，鸡犬不留，况且自己和父亲的这个养子一直明争暗斗，他要是上台……这是要命的事情啊！

朱友珪强行稳定情绪，和媳妇一番合计，决定与其等人宰割，不如自己做持刀人，抢占先机宰了他们，说不定还能逆风翻盘。

眼看着死亡一步一步逼近，朱友珪终于壮起了胆子，决定铤而走险，干票大的！

干，一旦失败，自己死无全尸，不过还有赢的机会；不干，百死无生，连一点活路都没有。说干就干，打定主意的朱友珪迅速对他老爹发难，带领自己手下的禁军部队直接杀入皇宫内殿。

他赌上了自己的性命，正是为了博得那个活命的机会。

皇宫内殿，朱温躺在床上，回忆近日种种，心中暗念："孩儿们最近也真是辛苦了……"忽见一群人凶神恶煞地杀将过来，而领头者不是别人，正是自己的儿子朱友珪！朱温自己就是搞政变起家的，一看这阵势，瞬间明白了，他一个纵身跳下床来，破口大骂："小兔崽子，你的人性让狗吃了吗！"

对此，朱友珪表示："您愿意骂就多骂几句吧，要不然以后就没机会了，一想到以后不能再聆听您的谆谆教诲，儿子心中好痛啊！"一边说着，一边亲手干掉了自己的老爹。

可怜朱温，乱世枭雄，戎马倥偬，杀伐一生，最后没有横尸沙场，反而挺尸在了自己儿子手中。

朱友珪杀死自己老爹以后，将他的尸体掩藏起来，然后迅速伪造圣旨，以朱温的口气猛夸朱友珪是个好孩子，最后话锋一转，表示我已病入膏肓，想必时日无多，现郑重决定，传位给爱子郢王朱友珪，各位爱卿日后一定要像效忠朕一样效忠郢王，在他的带领下为实现大梁一统江山而努力奋斗吧！

就这样，朱友珪在别人完全没反应过来的情况下登上了皇位。

如今皇位在手，天下我有，可跟朱友珪一起造反的小伙伴们却一脸的忧愁，要知道，坐镇汴梁的博王朱友文可不是个消停的主儿，他要是闹将起来，鹿死谁手还真不好说。

正当大家心惊肉跳、一筹莫展之际，朱友珪微微一笑，道出一个不为人知的真相："均王，他是自己人！"

这件事实在太令人震惊了！毕竟大梁上上下下，谁不知道均王朱友贞平日里跟博王走得最近，两个人简直比亲兄弟还亲。万万没想到，他竟然是郢王安插在博王身边的一步棋！皇上英明！

接着，朱友珪一面伪造朱温谕旨，声称朱友文这个刁民一心想害朕，必须现在立刻马上杀了他！一面给四弟朱友贞发密信，让他火速干掉老二朱友文。

朱友贞接到密信，瞬间惊呆了：爸爸怎么莫名其妙就闪电死亡了呢？三哥为什么急不可耐地要干掉二哥呢？这里面的信息量太大了！一时半刻根本拎不清。

然而，朱友贞什么也没问，因为他很清楚自己现在应该做什么，他和三哥早已经达成了默契——必须除掉二哥！父亲不知为什么对这个养子格外偏心，只要二哥一日不死，所有人都没有上台的机会！

可怜朱友文一家子，脸上的笑容还没来得及收拢，就被稀里糊涂地灭了门。

朱友文临死之前，充满怨恨和懊悔地说了这样一句话："原来，你一直都是老三的人！"

朱友贞冷冷地转过身，不再看这位昔日的好兄弟一眼，他走出府门，用极寒的声音对自己说："我就是我，不是谁的人，三哥，他就一定赢了吗？"

三哥，你做梦也没想到是我吧

朱友珪上台的第一件事，就是笼络人心。

朱友珪和他爸爸不一样，他爸爸朱温一生征战沙场，脾气暴戾，残忍好杀，把手下兄弟收拾得服服帖帖。朱友珪登基之前，一无实权，二无战

绩，在大梁那些军队大佬眼里完全没有地位，人家凭什么听他的？

朱友珪也有自知之明，心虚得不行，于是大搞政治贿赂，一只手给大家撒钱，一只手给大家升官，非常敞亮地表示：大家跟着兄弟我好好干吧，除了媳妇朕什么都能给你们！

大家十分开心，纷纷表示好啊好啊。

然而，有一个人却完全不吃他这套，这个人叫杨师厚。

杨师厚原本是李克用手下的跟班，跟韩信一样，在战斗达人面前显不出本事，因而不受重用，一怒之下跳槽到了朱温部队，从基层干起，扎扎实实地干到了大梁军委副总指挥的位置。换而言之，朱温之下，他是军队老大。

按理说，朱温都做了皇上，手下又有这样的得力干将，就该坐镇京城享清福了。但朱温偏不，这位马上皇帝几天不抖威风就浑身痒痒，于是决定御驾远征刚刚经历丧父之痛的李存勖，并且很傲娇地给杨师厚下令："朕和朕的禁军就足以碾压那娃了，你和你的本部兵马就站在原地看爷凯旋吧！"

结果朱温以血的代价验证了那句至理名言——不作死就不会死！此一战，李存勖怒斩万人头，俘获梁军将校285人，斩首两万级，梁军伏尸数十里，龙骧、神威、神捷等精锐禁军全军覆没。

朱温也没好意思再去跟杨师厚打照面，灰溜溜地逃回了洛阳，从此在儿媳们的照料下日渐衰老，而杨师厚的部队就此成了大梁唯一的精锐之师，但或许是有感于知遇之恩，杨师厚对朱老大一直保持着绝对忠诚。

问题是，现在朱温死了！杨师厚表示：将在外，老子谁也不服！

朱友珪对于这件事自然是又急又气恼，心说杨师厚你牛什么牛，你那么怕我爸爸，现在我爸爸都让我弄死了，你还敢跟我拗蹶子？——"传旨，朕要约谈杨师厚。"

杨师厚收到消息，回复了个"呵呵"，点起两万精兵直奔京城："皇上，听说你想约谈我？"

朱友珪都快吓死了，秦二世、汉质帝、汉少帝、隋炀帝、唐哀帝等前辈的面孔在他眼前一一浮现，他安抚了一下怦怦直跳的小心脏，嬉皮笑脸地说："杨叔，你误会了，这是天大的误会啊！"

"误会？叔在家里和你婶子正讨论要不要生二胎呢，你一道圣旨把我叫京城来你说误会？我带着两万兄弟一来一回上千里奔波，你说误会？大老爷们别扭扭捏捏的，快说，你找我到底什么事？"

就现在这种情况，朱友珪他敢说实话吗？他要是说实话，一定是嫌自己活得太长久了——"那什么，杨叔，你猜猜呗……哈哈，这件事我要是不说，你一辈子猜不到！是这么回事，我觉得你身事两朝，为咱们朱家立下了汗马功劳，这样的国之栋梁必须得嘉奖啊！不光是你，你手下的将领都得嘉奖！全部嘉奖！"

杨师厚心满意足地走了，朱友珪的心却一直在滴血——偷鸡不成蚀把米，这次赔大发了！

此时此刻，朱友珪觉得自己就是天底下最可悲的倒霉孩子，简直放屁都能砸碎脚后跟的节奏。既然搞不定藩镇，那说不定自己哪天就要步唐哀帝前辈的后尘了，倒不如趁现在还能活蹦乱跳，及时行乐吧！——接着奏乐，接着舞！

朱友珪这一舞，大臣们都郁闷坏了：这是要亡国的节奏啊！李存勖可还在河东卧薪尝胆、虎视眈眈呢！君不见蜀后主乎？再说，你爹刚死几天啊你就及时行乐，你有考虑过你们家其他兄弟的感受吗？

大臣们的担心不无道理，朱友珪的兄弟们现在在干吗呢？都在瞄着皇位淌哈喇子！朱友珪登基以后，虽然给活着的兄弟都安排了不错的位置，但终究跟皇位没法比对不对？

此时此刻，朱友瑱正在悄悄会见一个从洛阳方面来的人——大梁驸马都尉赵岩。

赵岩的爸爸赵犨跟朱温在全民打黄巢时期就是老战友，两家人关系非常好，索性结成了儿女亲家。赵岩在朱友珪还没当皇帝之前就整天个跟着

这个三舅哥厮混，两个人喝酒闹事、寻花问柳，关系简直不要太好。所以谁也没想到，驸马竟然是四皇子的人！

朱友瑱跟赵岩聊起家事国事天下事，越聊火越大，老爹死得蹊跷不说，自己哪一点比三哥差，凭啥由他做皇帝呢？再说，三哥的来历谁不知道，老爸当年去小胡同慰问下人民群众，就被碰瓷了，这位三哥到底是谁的骨血还真不好说！

两个人聊着聊着，就决定一起干一件大事。毕竟朱友珪的皇位现在不稳，一切皆有可能。

这个时候，赵岩向朱友瑱推荐了杨师厚，二人都知道，以杨老将军目前的实力来说，现在在大梁简直想杀谁就杀谁。

杀皇帝也行？当然没问题。

最终赵岩带着朱友瑱的"诚意"去见了杨师厚，对他晓之以国家大义，动之以高官厚利，杨师厚表示：同意！

有了王牌军队的加持，这次政变简直就成了区区小事，大家一路平推到皇宫，朱友珪心知自己在劫难逃，一狠心，让亲随往自己要害处捅了几刀。

朱友珪趴在血泊之中，强抬头望着眼前的众人，不甘心地问道："究竟是谁……派你们来的？"

朱友瑱从人群后转出，冷冷回道："三哥，你没想到是我吧？"

大梁又经历了一次血的洗礼，朱友瑱一步一步迈过哥哥的尸体，登基为帝。

朱友瑱登基后，加封杨师厚为邺王，并向天下人解释说，我这么做，纯粹是为了讨伐杀害先皇的罪人，现在罪大恶极的朱友珪已经畏罪自杀了，今后大家就跟着兄弟我好好干吧，除了媳妇，朕什么都能给你们！

大家十分开心，纷纷表示好啊好啊。

爸爸，我终于替你折了那三支硬箭

李存勖自从在高邑血洗梁军以后，一直在寻找一个机会，让他能够告慰父亲的在天之灵，经过一番深思熟虑，他决定先不跟后梁死磕，而是先拿软柿子刘仁恭开刀。

不过，此时刘仁恭已经被他儿子刘守光软禁起来了。

刘守光这家伙没有什么才干，就喜欢在女人堆里打转，一来二去竟然和他父亲的小妾发展出了超乎寻常的友谊，刘仁恭盛怒之下，和他断绝父子关系，并将他逐出家门。

后来朱温和刘仁恭相撕风雨中，刘守光趁他老爹后方兵力空虚控制了幽州城，把他老爹关了禁闭。

公元 911 年，这哥们也不知道哪里来的迷之自信，觉得自己只做个燕王实在是太屈才了，索性在幽州称了帝，自己叫自己大燕皇帝。

在乱世里，如果你偷偷积攒实力，往往还能占有一席之地，但如果你实力不济还敢称帝，那肯定要被圈踢。

老刘家父子都属于那种三流武将，而幽州之所以至今还姓刘，主要是因为他们在朱李之争中一直完美充当搅屎棍的角色，谁也不想因为这个搅屎棍削弱自己的实力，给对方痛扁自己的良机。

现在，朱梁内乱不断，自顾不暇，李存勖终于有机会报仇了！这个过程简直不值一提，李存勖老虎扑狗一般拿下幽州，将刘仁恭父子五花大绑押回太原，在父亲的陵前来了一场血祭——爸爸，那三个箭人我已经为你折断一根了！

李存勖正琢磨下一个该弄死谁呢，杨师厚死了。李存勖和朱友瑱都很

开心。

李存勖开心的是，后梁最能打的人终于挂掉了，就朱友瑱那两下子，收拾他太容易了！

朱友瑱开心的是，对自己威胁最大的国内军阀势力折了带头人，自己终于可以玩中央集权了！

死了一员虎将，令自己人和敌人都想喝酒庆祝，这在中国几千年历史上也是不多见的。

杨师厚死后，朱友瑱开始着手收编他的嫡系部队——魏博军团。

朱友瑱本着"弱化军阀势力不减兵员"的伟大构思，决定将魏博军团一分为二，一部分改名为"天雄"，继续镇守河北，一部分迁去河南昭明，由自己的亲信统领。

圣旨下发到河北，魏博军团瞬间就炸了！大家都说朱友瑱这小子脑袋瓜子肯定有病！

魏博军团之所以能够蹈锋饮血，一个很重要的原因就是士兵大多都是本地人，敌人打来了，领头的一喊："为了保护老娘老婆老儿子和咱爹留下的老房子，兄弟们冲啊！"这帮人的战斗力瞬间激增10010个百分点。但现在朱友瑱你说让我们去河南吃烩面？烩面虽然好吃，可邻居王美丽做的驴肉火烧也不差啊！再说到了那边人地两疏，方言听不懂，对象谈不上，我们去那边干吗啊！于是大家纷纷表示：反了！反了！

朱友瑱听闻魏博兵变，也没当回事：小样的，对付不了杨师厚，我还对付不了你们这帮兵痞子？给朕出兵镇压！

正所谓"兵来将挡，水来土掩"，魏博方面在得到消息后马上拿出了对策——此处不留爷，自有留爷处，处处不留爷，爷去压马路……额，去投李存勖。大家很快达成了意见统一，走，投李存勖去！

李存勖啥也没干白捡了这么大个便宜，简直要笑抽了，当即决定，本帅要亲自去魏博迎接这帮兄弟，以表达我们对他们的重视。

魏州有一个人也笑抽了，这个人叫刘鄩，江湖人称"一步百计"，是朱友瑱派去监察魏博部队的特务头子。李存勖这边都快要接管魏博了，他为什么还这么开心？难道他早已与李存勖暗通款曲？

不，不是的。这个刘鄩觉得，李存勖领兵来魏博演戏，那他后方一定兵力空虚，爷给他来个千里偷袭，还不扒他一层皮？

刘鄩觉得自己这个计划简直完美，但仍有人表示反对，说大帅你有没有想过，咱们都去搞偷袭了，那么谁来守魏州呢？李存勖要是发现魏州没人，你猜他能不能看穿你的计划？

这事好办啊，那谁，你去挑500个老弱残兵，再集结100头驴，让城中百姓可劲扎草人，给草人穿上军服绑上武器，让真人和草人一起戳城头上，再给驴子绑上军旗，让它们每天在城里转悠，李存勖一定中计！

果不其然，李存勖来到魏州附近，登高远眺，但见城头星旗电戟，城内士饱马腾，没敢轻易进攻。两边就这么耗上了。

时间一久，李存勖也觉得不对劲了——刘鄩这老头一肚子鬼主意，怎么我来了这么多天，也不见他搞什么动作呢？于是连忙派一小撮兄弟前去叫阵试探——我去！跟我玩空城计！刘鄩这损贼肯定趁机偷袭我老家去了！

想到这里，李存勖急得如热锅上的蚂蚁，他一面派轻骑兵火速回家报信，一面分重兵星夜兼程全力回援。

然而，刘鄩的这次偷袭之旅走得也不顺利，为什么要用"走"呢？因为他带领的是步兵军团，部队机动性非常有限，又碰巧出门没看天气预报，士兵被雨淋病死的、树下躲雨被雷劈死的、脚滑掉沟里淹死的不计其数，刘鄩走了一半才绝望地发现，这简直就是死亡行军啊！又听说李存勖已经识破了自己的妙计，派重兵火速回援，刘鄩想了想，决定放弃偷袭计划。

不过刘鄩"一步百计"的名号也不是白给的，他脑筋微微一转，一计又上心头——走，去临清截断李存勖的粮道！然而刚走了一半，又得到消息——李存勖的人把临清也给占了！此时，刘鄩的内心完全是崩溃的——李存勖你仗着手里有点破骑兵，想怎么玩就怎么玩是不是？那我还不陪你

玩了呢！

刘鄩带着筋疲力尽的兄弟们来到山东莘县，空室清野，准备就这样和李存勖耗着了。然而他想耗着，朱友贞却不同意——刘将军你带着部队东跑西颠，一场战没打，折了无数人马，现在你又按兵不动，你是不是和李存勖私通了？你不是叫"一步百计"吗？你赶紧想个计策把李存勖给我灭了，以证你的清白！

刘鄩回复道："妙计老臣倒有一个，只要皇上您批给我 20 吨大米，我就有办法弄死李存勖！"

朱友贞："厉害了老将军！ 20 吨大米就能弄死李存勖，快跟朕说说这是怎样一个神术妙计？"

刘鄩："皇上，您给我 20 吨大米，我细嚼慢咽省着吃，等我吃完了，差不多就能想到破敌之策了。"

朱友贞："我是文明人，我不骂娘的！"

刘鄩固守不出，李存勖也很着急，思来想去，你刘鄩不是号称"一步百计"吗？那我也给你来一计！他放出消息，说自己想家了，要带兵回太原，把魏博留给小弟镇守。

急于在朱友贞面前证明自己清白的刘鄩不疑有诈，想趁机对魏博搞突袭，结果被埋伏在魏州城下的李存勖打了伏击，一溃千里。李存勖趁热打铁，一口气拿下了大梁在黄河以北的所有地盘。

此时，李存勖军威甚盛，盛到什么程度呢？

他在黄河边上和大梁互撕的时候，耶律阿保机刚刚扫平契丹各部，建立大辽，也是武力正巅峰。耶律阿保机早就盯上了"燕云十六州"这块肥肉，于是趁鹬蚌相争，想来个渔翁得利，便率军去幽州搞偷袭。

史载，此战契丹参战人数众多，山谷之间，毡车氆幕，羊马弥漫。有人说，契丹军大概得有 50 万。幽州守将周德威寡不敌众，遣使向李存勖求援。李存勖此时只有 1 万匹战马，但仍派李存审、李嗣源前去迎战。结果，打得耶律阿保机大败而去，契丹军丢弃的氆幕、毡庐、弓矢、羊马漫山遍野，数都数不过来。

过了几年，耿耿于怀的耶律阿保机又一次侵犯幽州，这次更惨，连自己的儿子都被李家军抓起来做了人质，老耶律此生再也未曾踏入李存勖的地盘。

李存勖对天告慰："爸爸，老野驴已经被我打怂了，我为您折了第二个箭人！"

骄人的战绩使李存勖的内心无限膨胀，觉得自己这么牛掰，只当个晋王实在有点屈才，反正梁国那么大，一时拿不下，要不我先干几天帝王？

大家都觉得李存勖这个想法真心不错，新皇登基肯定会有赏钱啊，于是你乐我乐大家乐，就这么愉快地决定了。

公元923年，李存勖在魏州称帝，国号仍为唐，史称后唐。

不得不提一句，在李存勖登基前后，发生了两件小事，却直接改变了历史走向。

一件是李存勖的小弟李继韬反水降梁。这本没什么，在五代十国那个六亲不认的江湖，人性的丑陋暴露无遗，大多数人的忠义早就让狗吃了。然而，反水后的李继韬害怕李存瑁找他算账，大量招兵买马，有个好勇斗狠的古惑仔被他招到了军中，这个人叫郭威，这事情就大了！

另一件刚好相反，是大梁郓州守将卢顺反水投了李存勖，他不光反水，还彻底掀了老东家的底牌——"皇上，郓州我跟你讲，我走之后就剩千八百守军，你领兵去盘，一定能盘下来！"

郓州就是现在的郓城县，地方不算太大，但地理位置很重要，毗邻后梁首都开封，这个地方要是被李存勖拿下来，后梁真真就悬了。

但李存勖手下的将领们都认为这个建议太不靠谱，用几千人偷渡黄河深入敌后作战，战况稍有不顺，就得让人家的援军包顿饺子，你以为咱们的战士个个都能手撕敌军吗？可李存勖这个人就喜欢兵行险着，冒险能给他带来极大的刺激，于是力排众议，派5000人偷渡黄河杀到郓州城下。

事实证明，当一个人真心想出卖另一个人时，那真是欲置之于死地啊！

卢顺的建议非常靠谱，特别靠谱，李家军不费吹灰之力就拿下了郓州，在大梁的家门口摆开了架势。

朱友瑱这回真坐不住了，朕一看这是要火速亡国的节奏啊！这可如何是好？这可如何是好……这时候有个忠臣跑了过来，说皇上你是不是忘了一个人，那个王大锤，不是，那个王铁枪勇冠三军，此时不用，更待何时？

王铁枪，原名王彦章，在此时的后梁军中，说他战力第一，没有人敢不服气，但这个人情商太低，因而屡受排挤，官儿当得十分憋屈。

这不，王彦章刚刚得到自己挂帅三军的消息，就迫不及待地要出一口恶气，他狠狠地表示："我老王此去速战速决，等我凯旋回来那天，就是你们这些祸国小人断命之时！"言罢，老王便雄起起气昂昂地领兵出征了。

要说老王的战斗力真不是吹出来的，这哥们到达战场后几乎是以三天一城的速度在光复失地，一时间唐梁战场简直成了他的个人技能表演秀，看得唐梁双方高层领导全都目瞪口呆。

这个时候大梁集团的自己人先慌了，就算李存勖杀过来咱们也不一定死，大不了改旗易帜，可要是这厮凯旋回来……不行，咱们大家得想个办法把他搞下去！于是以赵岩为首的小人们天天在朱友瑱面前嚼舌头，把老王的功劳都说成是别人的，把老王的缺点无限放大，说着说着，朱友瑱就信了，老王被调离前线。

没有了老王这杆铁枪撑着，大梁瞬间兵败如山倒，李存勖趁着前方战事胶着，开封兵力空虚，亲率一支轻骑千里奔袭，开封城危在旦夕，朱友瑱眼见大势已去，一狠心自己杀了自己。

李存勖横刀立马，望着老家的方向，嘶声高呼："爸爸，我终于替你把三支硬箭都折断了！"此声如鸣雷滚滚，在天地间奔腾激荡……

然后，他就开始荒淫了……

干爹，你帮我造反，我给你地盘！

李存勖灭梁以后，先后并岐国，吞前蜀，得凤翔、取汉中及两川之地，公元 930 年以后，后唐的领土达到极盛。可以说除了后来的宋以外，它是五代十国里地盘最大的了。

如果这个时候李存勖能够好好干工作，做个正经皇帝，说不定就没有五代十国什么事了。然而，在到达人生的巅峰以后，李存勖开始放纵了，堕落了，不正经了……他大搞声色犬马那一套，纵容老婆干预政治，疏忌杀戮功臣，克扣士兵工资，以致百姓困苦、兵士怨怒，兄弟冲突。

我们知道，五代十国的皇帝大多是马上帝王，政治天赋往往很平庸，打下江山之后最先想到的是发展自己的各种爱好。李存勖的爱好与别人不同，他糙汉子的外表之下隐藏着一颗文艺的心，平生最爱竟然是唱戏。你还别说，这位李皇帝的艺术天赋可比政治天赋强多了，唱念做打样样俱佳，还能自己作词谱曲，要不是被当皇帝这种破事耽误了，少不得又是一位名角。

然而，李存勖，既然你做了皇帝，甭管你的最爱是不是皇位，你是不是应该有个皇帝的样子？你每天混迹于戏班子，跟戏子们亲密无间，让戏子凌驾于国家法度之上，你想过你们家广大干部的感受吗？如果你们家广大干部都反了，你还有机会宅在皇宫里听戏、唱戏、演戏吗？

公元 926 年，贝州军士哗变，叛军火速攻入邺都，李存瑁派元行钦前去平叛，元行钦久攻邺城不下，而邢州、洺州又相继加入造反的队伍，危急之下，李存勖只得起用饱受猜忌排挤的李嗣源，结果李嗣源刚到邺都，他手下的兵士因为工资太少也造反了……大家强行簇拥李嗣源进入邺都城，

推举他为造反联盟大盟主，商议怎样合伙干掉李存瑁。李嗣源借口召集散部，逃之夭夭。

逃出来的李嗣源一面上表讲明原委，一面联系元行钦一起平叛，但元行钦死活就说李嗣源反了，并且不择手段阻止李嗣源为自己申冤，还杀了他的爱子李从璟。悲催的李嗣源千辛万苦才联系上自己的亲信——他的姑爷石敬瑭。

石敬瑭见到岳父以后非常高兴，兴奋地问他："爸，咱们什么时候杀回去干掉李存瑁？"

李嗣源连忙喝止："你喝酒没炒盘花生米啊！咱们为啥要造反？"

石敬瑭："爸，你就别装了，你不是已经反了吗？你还信不过我？"

李嗣源："诬陷，都是元行钦那个小人的诬陷！"

石敬瑭："爸，我给你分析一下哈：现在连我都认为你反了，你说李存勖那脾气他能信你不？你这时要是孤身回去，还不得让他们瓮中捉鳖啊，不是，瓮中捉爹？再说，李存勖现在都活在戏中了，这样下去，国家早晚腐败，还不如咱们自立为君，造福百姓呢！"

李嗣源搁心里一琢磨，觉得姑爷子说得好有道理，于是真的反了。

李存勖在皇宫眼见各路人马纷纷造反，终于暂停了追求艺术的脚步："混蛋！总有刁民不让朕专心搞艺术！来人啊，朕要御驾亲征，再展昔日雄风！"

"可是，皇上，没兵了……"

"放屁！朕雄兵百万，你说没兵？"

"皇上，你薪水给那么低，又没有年终奖，还总拖欠工资，他们都不愿意跟您干了……"

李存勖万分危急之下，只得召唤自己的嫡系部队从马直，结果，从马直过来以后也反了，一代枭雄，一命呜呼。

率兵打回来的李嗣源顺理成章做了皇帝，为了平复国人饱经战乱后的恐慌情绪，他宣布："跟着寡人干，都能有钱赚！"大家纷纷叫好，齐夸新皇英明领导。

后唐在李嗣源执政的几年里，因为没有瞎折腾，国力确实增长不少。但是，李嗣源这个人本身有一个很大的问题——他当皇帝时岁数就不小了，而且身体还不好，于是消停了没几年，等李嗣源病危时，国内又开始了新一轮的造反热潮。

首先举反旗的就是李嗣源的亲儿子——秦王李从荣。

这哥们觉得他爸爸快不行了，而自己这臭脾气平时在朝中得罪了不少人，走正常程序恐怕继位无望，就想以武力镇压群臣，强行登基。

谁知道，他爸爸的病情又好转了！但因为这哥们平素人品太臭，没有人愿意通知他，那些讨厌他的人就顺水推舟以谋反的名义把他镇压、砍杀了。

李嗣源看着儿子的尸首，又惊又气又悲又痛，这次是真不行了。

李嗣源死后，他的另一个儿子李从厚继承了皇位。

李从厚这个人没有多少治国安邦的才能，却具备不错的帝王心术，没事就搁那寻思，是不是又有刁民想害朕？我该怎么整治他们呢？想来想去，还真让他琢磨出一个好主意——四大军区对调——让原河东军区指挥官石敬瑭调任成德；让原凤翔军区指挥官李从珂调任河东；让原成德军区指挥官范延光调任天雄；让原天雄军区指挥官李儿璋调任凤翔。

这个想法是很好，我们知道，大将的实力依赖于他手下的亲军，将将领频繁调动，他们就没法跟部下拧成一股绳了，造反的危险系数就会被大大降低。但是，如果被调动的将领不愿意呢？

李从珂是李嗣源的义子，军功赫赫，在朝中威望也不错，因而就成了李从厚最想整治的人，他先把李从珂的儿子从京师调任到地方，又把李从珂一个已经出家的女儿召进宫中当人质，就这样，李从厚还是不放心，现在又想削弱他的军权。李从珂彻底被搞毛了，这样下去，小爷还不让你玩死？反了！不反就没活路了！

李从珂造反，李从厚十分开心："兄弟，这可是你自己找死，怪不得我

17

哦！"于是，李从厚迫不及待地调集大军前去围剿李从珂，生怕稍一耽搁他就不反了似的。

李从珂虽然早在李存勖时期就是名震天下的猛将，然而好虎降不住群狼，而且自己造反也确实理亏，没有人愿意帮助他，因而被围殴得溃不成军，眼看着就要被消灭了。千钧一发之际，只见李从珂猛地把衣服一脱，裸奔上了城头，在围踢他的大军面前捶胸顿足、失声痛哭："亲们，咱们都是跟着先帝打天下的人，都是一个战壕里睡过的兄弟，你们看看我这一身的伤，都是那时候留下来的！讲真，我没想过要造反啊！还不是因为皇上身边的那些小人憋足了劲想弄死我？兄弟我也是为了自保逼于无奈啊！"

奉命围剿李从珂的将领中，有很多人都是他的老战友，见此情景，纷纷动了恻隐之心，而且大家也都觉得，皇帝搞的那一套，确实有卸磨杀驴之嫌。李从珂见众人似乎被说动了，赶紧在天平上又加了一块砝码——只要大家伙跟我一起回洛阳清君侧，每人可得劳务费100贯！

100贯！这对于普通士兵来说可绝对不是个小数目，大家纷纷表示："将军，钱不钱的不重要，重要的是我们早就看皇上身边那几个小人不顺眼了！走，我们陪你一同清君侧去，同去！同去！"

充满正义感的"清君侧"大军一路平推回到洛阳，李从厚见势不妙仓皇出逃，没想到中途遇到石敬瑭，被软禁了起来。李从珂在部下的强推之下"勉为其难"地做了皇帝，废李从厚为鄂王，不久又派人将其暗杀。

李从珂登基以后很快就发现了一个非常尴尬的问题——国库里的银子不够支付自己先前允诺的劳务费！这事儿可不是开玩笑的，要知道，五代十国的士兵因为老大差钱，分分钟就可以换个老大！

李从珂赶紧把皇宫内外刮掉一层皮，不够！

那什么，老娘、媳妇，你们的衣服首饰先借我用用呗……还不够！

李从珂又开始疯狂勒索官员和百姓，让每家每户预交5个月"住房税"，搞得很多人一死以证没钱，但，还是不够！

李从珂没有办法，只能硬扛着了，去跟那些士兵商量能不能赖点账：

"各位兄弟，那什么，朕实在是没钱了，你们看，能不能少要点？"

士兵们心中很不满——人家都是吐口唾沫是个钉，你这是吐口唾沫往回舔？早知如此，还不如当初弄死你让李从厚接着干呢！罢了罢了，反正李从厚都已经死了，你也就差没卖老婆孩子了，我们呢，也算发了一笔小财，那你就接着干吧！

李从珂长出了一口气："接着干！干谁呢？现在对我有威胁的就剩一个石敬瑭了，对，就干石敬瑭！"

我们知道，收拾重臣这种事，要么不干，要干就一次性解决，让他没有还手之力，以免他缓过劲来狠咬你一口。但李从珂也不知道是心存善念还是有所顾虑，反正就是不愿意对石敬瑭下死手，整来整去无非是想把石敬瑭从自己的根据地调走，结果次数一多，石敬瑭被整得受不了了！

石敬瑭计算了一下彼此实力，觉得硬磕肯定磕不过李从珂，但是没关系，咱一直暗中跟契丹人保持着不错的睦邻关系啊！于是石敬瑭跑去和大辽谈判，说只要你们肯借兵给我，金钱美女那都不是问题。

这个节骨眼上，卢龙节度使赵德钧也盯上了卖国造反的路子，石、赵二人为了达到各自的目的疯狂竞争，不断向契丹人许诺更加优厚的条件，最后，石敬瑭实在没有什么可加持的砝码了，一咬牙一跺脚："赵德钧你是不是非要跟我争？你非要跟我争是不是？这样，契丹大哥，你们要是对我石敬瑭鼎力相助，金钱美女自不必说，另外，赵德钧那块地盘，就燕云十六州，我全送给你们！对了，大哥这个称呼以后我也不叫了，我真心诚意地管你们叫干爹！干爹，你们看这样中不中？！"

喜当爹的辽太宗耶律德光简直乐疯了——哎哟喂，不用费多大力气，就能得到这么大一个儿子和这么大一块地盘，这买卖简直不要太划算！赶快，出兵，帮我儿子打天下！

公元 936 年，后唐在石敬瑭与契丹人的合力绞杀之下，亡。同年，石敬瑭被干爹耶律德光亲自册封为皇帝，国号晋。史称后晋。

小哥哥，你长得不错，成家了吗？

这里先把时间往回拉一点，却说李存勖在兵变中殉难，他身边的部分女人随即遭到遣散，有一位姓柴的姐姐带着金银细软来到黄河边，不料风云突变，大雨连绵十几天，柴姐姐被困在酒店，偶遇一枚型男……

要说这位型男到底有多好看？龙眉凤眼，身强体健，衣衫破烂，蓬头垢面！

接下来的桥段，一般只有在影视剧里才会出现——白富美柴姐姐偶遇落魄型男的一瞬间，芳心化成春水，眼前小星星乱飞。

要问这位型男是谁？他就是潞州著名古惑仔郭威，此时没家没钱没职位。

柴姐姐问起郭威身世，郭威也不保留，一一告知。

原来，这郭威也是一个倒霉孩子，他爸爸郭简本是顺州刺史，后来刘仁恭打顺州，他爸爸拼命死战因公殉职，他妈妈悲伤过度中道崩殂，于是郭威从娇生惯养官二代变成了形单影只一孤儿。所幸得人收养，在潞州定居了下来。

没有父母陪伴与管束的郭威，成年以后完全看不出当年那个官宦公子的影子，他喜欢呼朋唤友，赌博喝酒，打架斗殴，是潞州出了名的顽主，因为脖子上纹了个小麻雀，江湖人称"郭雀儿"。

在郭威经常闲逛的那条街道上，有一个屠夫很浪很能装，郭威越看他越不顺眼，于是就决定找他点麻烦。

郭威走到屠户门前，叫声："屠夫！"

屠夫看时，见是郭威，知道这小子豪横不好惹，慌忙出来迎接："威少恕罪！"便叫副手搬条凳子过来："威少请坐。"

郭威坐下道："给小爷称10斤精肉，切作臊子，不要见半点肥的在上面。"

屠夫道："使得，你们快选好的切10斤去。"

郭威道："不要那等腌臜厮们动手，你自与我切。"

屠夫道："说得是，小人自切便了。"自去肉案上拣了10斤精肉，细细切作臊子。

这屠夫整整的切了半小时，用荷叶包好了，递到郭威面前。

郭威道："再要10斤都是肥的，不要见些精的在上面，也要切作臊子。"

屠夫又选了10斤实膘的肥肉，也细细地切作臊子，把荷叶包了。整弄了一早晨，饭都没顾得上吃。

郭威又道："再要10斤寸金软骨，也要细细地剁作臊子，不要见些肉在上面。"

屠夫一声冷笑："威少，你不是特地来消遣我的吧？"

郭威闻言，跳起身来，拿着那两包臊子在手，瞪着眼，看着屠夫道："小爷就是特地来消遣你的！"说罢，把两包臊子劈面打将去，却似下了一阵的"肉雨"。

屠夫大怒，两条忿气从脚底下直冲到顶门，心头那一把无明火腾腾地按捺不住，从肉案上抢了一把剔骨尖刀，托地跳将下来。郭威早拔步在当街上。

然而屠夫并没有持刀行凶，而是把刀递给郭威，然后把衣服一脱，将胸部暴露出来，指着自己的心脏部位说："你小子牛什么牛，你要是真牛，你往这扎！"

郭威笑了，小爷我活了18年，还没见过这样的要求，于是应了对方要求，一刀刺去……

在场的吃瓜群众全都哗然了，大家奔走相告：郭雀儿当街打杀小

贩啦!

这时郭威体现出了比鲁提辖更有档次的格调，他也不慌也不逃，拎着那把杀人刀切了点熟食，就坐在屠夫尸体旁边大吃二喝起来，面不改色心不跳，坦然地等待官差前来缉捕。

时任潞州地方长官李继韬得知此事后大大点了个赞——真勇士啊！我手下最缺的就是勇士啊！于是徇了个私，枉了个法，对外谎称杀人犯郭威已经越狱潜逃，实则暗中将他悄悄招至麾下。

后来李存勖发兵灭了反骨仔李继韬，郭威随着大家伙儿一起被收编，李存勖偶然发现，脖子上纹个家雀儿那家伙很能打，而且居然还有点文化，随即将他编入自己的亲军"从马直"，还让他当了个小官儿。

得到了皇帝的欣赏，郭威觉得自己的人生充满了光和能量，他开始好好学习，天天向上。然而坎坷的人生又给了他当头一棒。

李嗣源被逼造反，并且成功上位，再然后，迅速将李存勖的嫡系部队全部替换成自己的亲军，郭威由此失业。

可怜郭威，原本以为跟上了一方雄主，从此可以青云平步，谁知道老大被叛军所屠，自己瞬间落拓江湖。郭威觉得这扯淡的人生真能跟自己扯淡，便不想再做无谓的抗争，打算往后游戏人生。

听郭威讲到这里，柴姐姐眼中氤氲起一层雾气，十分心疼地一声叹息，问道："小哥，你长得可不孬，你成家没有？俺做你媳妇中不中？"

却说柴姐姐与草根郭威金风玉露一相逢，便决定组成一个新的家庭，谁劝都不行。

难道这就是现实版的美女识英雄，难道这位柴姐姐竟然有卜算之能？那什么，这种童话版的爱情故事大家听听就行，其实很多人都心里门清，草根郭威之所以能够让柴姐姐为他亮灯，还不是因为那八个大字——身强体壮，相貌堂堂！

举行完婚礼，柴姐姐将自己的财产当场分成两半，一半给父母做养老积蓄，一半给丈夫做创业家底。

这一半财产是多少呢？——"钱五百万缗"！

以当时的购买力统计，如果换算成人民币，说出来嫉妒死你，大概有300亿！

要不说每一个成功的男人背后，都有一个默默支持他的女人呢！

郭威凭借相貌出众，得到了人生中的第一桶金，他决定振作起来，闯出一番事业，好好报答妻子的"知遇之恩"。

当时看天下格局，尽管群雄林立，但还是后唐最有实力，于是郭威选择到石敬瑭军中效力。

在石敬瑭军中，郭威仗义疏财，广结朋友，刻苦学习，力争上游，慢慢熬出了头。至石敬瑭建晋时，郭威已成为石敬瑭心腹弟兄、河东节度使刘知远手下备受器重的一员悍将！

诸位，是时候暴露我真正的身份了

石敬瑭称帝以后，很守信用地将幽云十六州奉送给契丹，并且每年孝敬大量金钱、美女、布匹，幽云十六州乃中原北部天然屏障，至此中原完全暴露在契丹的铁蹄之下。

在石敬瑭忙着孝敬干爸爸的时候，吴国流浪儿李彭奴（徐知诰）取代吴国国主，建立了新的政权，国号大齐，随后恢复李姓，改名为昇，硬说自己是唐宪宗后裔，遂将国号又改为唐，标榜正统，史称南唐。

与此同时，李存勖帐下大将孟知祥趁石敬瑭兵变之际，也跟着捣乱，割据四川，自立为帝，国号为蜀，史称后蜀。

石敬瑭表示，天下那么大，皇帝大家当，你们玩你们的，我就专心做我的儿皇帝，呵呵。

石敬瑭对他干爸爸的孝敬可谓相当给力：爸爸生日，送礼！小妈怀孕，送礼！新年快乐，送礼！那不堪的姿态令他手下的兄弟都鄙视不已，刘知远就曾当面怼他："你称臣也就差不多了，还上赶着给人当儿子，是不是太过分了！你考虑过我们这帮兄弟的感受吗？"

其实，当时稍微有点节操的人都看不起石敬瑭，那些爱骂人的读书人就更不用说了，所以石敬瑭这个皇帝当得相当憋屈，手下人骂他，老百姓骂他，读书人也骂他，而他，只能默默忍耐着。

什么，你说石敬瑭为什么不带兵灭了这帮不听话的？开玩笑，他自己有兵吗？他是靠契丹爸爸出兵才登上王位的，被收编的那些后唐将领压根就不服他，他唯一的嫡系部队河东军还在刘知远手中掌握着，他为了孝敬契丹爸爸根本没钱招兵买马，你说，他这个老大当得容易吗？

石敬瑭觉得自己真是太不容易了，越想越憋屈。这时恰好吐谷浑部落酋长白承福死活不肯管契丹人叫爸爸，逃到河东向刘知远寻求庇护，契丹人向石敬瑭问罪，石敬瑭既不敢得罪手握重兵的刘知远，更不敢得罪他的契丹爸爸，忧心忡忡，忧郁成疾，结果，把自己忧郁死了。

石敬瑭死后，因为他的儿子太小，手下就拥立他的侄子石重贵继位，石重贵比石敬瑭有点骨气，一上台就说："要不咱们把给契丹的银子断了吧。"

群臣听了直摇头，说皇上你是不是嫌自己活得太长久了？人家逮着借口杀过来怎么办？！

这时有个叫景延广的大臣把头一昂，挺身而出："皇上，我觉得可以这样，咱们按先皇的辈分管契丹人叫爷爷，就说孙子国内连年遭遇自然灾害，朝贡这事不得不先暂停一下，他当爷爷的总不会太难为孙子吧……"

石重贵眼睛一亮，靠谱！打声招呼就把朝贡给停了，契丹人那是相当愤怒，派使者过来厉声谴责："孙子！不想活了是不是！"

景延广再次挺身而出："爷爷！我大晋如今称孙不称臣，叫爷爷可以，朝贡不行！能动手咱就别吵吵，你要打就打少磨叽，孙子这边有横抹大剑十万口，只要爷爷敢来，分分钟教爷爷做人！"

耶律德光大骂一句："猖狂至极！"点齐兵马，奔着后晋就杀将过来。

大家伙儿一看，这小子行啊！敢跟契丹人死磕，为了国家大义，走，帮他去！同去，同去……结果军民齐心协力，硬生生挡住了契丹铁骑。

谁也没想到的是，这次胜利，使石重贵直接骄傲得飞起，他充满了狂妄的自信，只觉得契丹已经不足为虑，走！荒淫去，莫等闲，白了少年头，空唏嘘！

诸位将领一看，大晋在这小子手里早晚要完，走，去投奔契丹，同去，同去……终于在石重贵的格外努力下，后晋建国短短11年就亡国了。

耶律德光率兵打进开封，也开始自我膨胀，说你们中原这么乱，其实是因为缺少一个好的管理者啊，现在我耶律德光来了，你们就等着过好日子吧！于是按照中原皇帝礼仪也称了个帝，改大契丹国为大辽国，开始做一统华夏的美梦。

其实一开始中原百姓对耶律德光也不是特别排斥，反正沙陀人当皇帝是当，契丹人当皇帝也是当，谁当还不是一样？有我们一口饭吃就行。但没过多久他们就发现，契丹人简直太野蛮了！简直连口饭都不给我们吃啊！

事情是这样的，辽人因为没有接受汉化，一直保留着原来的风俗习惯。契丹军队打仗怎么补给军需？打到哪就抢到哪！作为游牧民族，这个风俗其实可以理解，早期大多数游牧民族都是这样。但是，你现在入主中原了啊！你在礼仪之邦是不是应该入乡随俗呢？

耶律德光不懂什么叫入乡随俗，于是他的军队仍一如既往地去老百姓的地里抢粮食。要说当时中原的百姓，你只要让他们吃饱饭，他们才懒得和你对着干，但现在你把他们逼得都要绝食了好吗？

中原百姓纷纷表示，这不就是禽兽吗？见过野蛮的，没见过这么野蛮的！沙陀人当皇帝，虽说缺钱缺粮也动不动抢我们一下，但起码还知道给我们留口气呢！以后还指着我们贡献个税收啥的，这辽军简直就是要我们

断子绝孙啊！反了！反了！必须要反！

于是辽军很快陷入了人民战争的汪洋大海之中，带来的那点人马时不时就来一次战斗减员，加之天气逐渐炎热，辽人耐受不住，又时不时来一批非战斗减员，耶律德光终于撑不下去了，带着抢来的金银珠宝返回辽地，临走时还怒气冲天："我是来帮助他们安定繁荣的！这中原人怎么就这么不知好歹呢？"

结果，这大辽第一位皇帝，走到半路，也没扛得住中原的炎热，中途崩殂。

却说当初耶律德光南下灭晋的时候，有一个聪明人，心知挡不住对方的来势汹汹，索性就完全不抵挡了，但他也没跟着对方打自己人，他是这样跟耶律德光说的——"我帮您守住河东，保证您的后方安全。"

没错，这个人就是刘知远。现在契丹人一撤，刘知远果断称帝，他表示："兄弟我忍辱受屈保存实力，就是为了在关键时刻给契丹人致命一击，现在，时候到了，望诸位助我驱逐鞑虏，光复大晋，以报先帝知遇之恩。"说着说着，竟忍不住煽情泪下。

一时间，各路群雄、人民群众纷纷响应，刘知远实力暴涨，趁势掌控中原。

然后刘知远很不好意思地对大家说："真不好意思，隐瞒诸位太久了，是时候暴露我真正的身份了，不瞒诸位，其实兄弟我是汉朝皇室后裔……"

公元 947 年，刘知远建汉，史称后汉，此时仍使用石敬瑭"天福"年号，表示自己时刻不忘旧主。

嫂子，不是兄弟不是人……

现在，后汉江山基本上是稳了，但刘知远的身体却悬了，多年的南征北战使他的身体几乎被掏空，结果仅仅过了一年皇帝瘾，便一命呜呼了。

刘知远死后，他的儿子刘承祐继位，老将们基本都不把这位新君放在眼里，有时意见不同还忍不住揶揄两句，说皇上你治国小白一个，少说两句行不行？你不吱声我们也都知道你会说话，讲真，军国大事不是你可以担当的，你看着我们怎样做事就行了！

此时此刻，刘承祐的内心是非常崩溃的——我再怎么说也是我爹亲自任命的皇帝，你们这群老家伙就拿我当空气？——刘承祐的眼中喷薄出汹涌的杀气，他在心中的小本本上列出了一个必杀名单，他在等待一个一网打尽的时机……

公元950年，刘承祐不顾妈妈劝阻，在大臣朝见的路上设下伏兵，准备把小本本上的人一起干掉，想法相当简单粗暴！那些老臣平时在皇帝面前豪横贯了，过于托大，压根没想到乳臭未干的皇帝小子敢对自己下手，结果，这么大的事情就这么简单地办成了！

杀完人以后，刘承祐又发布公告，说不是朕小肚鸡肠容不下老臣，实在是他们要谋反啊！大家都"呵呵"了。接着，刘承祐派人搜捕这些人的亲朋好友，大肆屠杀，一时间人头滚滚，血流成河。

然而，问题来了，在刘承祐的小本本上，有一个人因公驻外，躲过一劫，这个人就是天雄节度使郭威。这个郭威，应该怎么处理？刘承祐想到了暗杀，他派密使向军中将领传令，让他们暗中做掉郭威，但郭威平时特别能攒人品，在军中人缘好威信高，总有人"不小心"向他透露风声，结

果暗杀没搞成。

其实直到此时，事情仍然有挽回的余地，郭威感念刘知远的大力扶植，并不想和刘家撕破脸皮。但是！

刘承祐之前轻而易举就搞死了那么多人，他把自己搞兴奋了，浑身上下都散发着迷之自信，他觉得自己简直就是真命天子，收拾个凡夫俗子郭威还不容易吗？于是一声令下，又把郭氏一脉杀了个断子绝孙，仅有郭威的妻侄柴荣因为领兵在外幸免于难。

郭威须发皆张："呵呵，是你逼我的！"统率大军回京，向刘承祐兴兵问罪。

因为刘承祐这件事儿办得确实非常无耻，使得后汉很多将领都对他产生了深深的鄙视，兔死狐悲，大家又对郭威等人的遭遇深感同情，所以纷纷望风迎降，郭威很快就挺进到了都城外围。

这时刘承祐有点慌了，忙召开战前会议，商讨破敌之策。

开封尹侯益发表高见，说："大部分叛军的家属都在城里，咱们把城门一关，任他骂爹骂娘，就不出战！然后每天让家属到城楼上喊"春根""顺子""老公，小宋今天又给我送饺子了"，用不了几天，就能把敌人军心喊散，这事也就搞定了。"

刘承祐一琢磨，有点意思，又扭头问他叔叔慕容彦超："叔，你怎么看？"

慕容彦超跟刘知远是一个妈两个爹的兄弟，这人战斗力惊人，生平好勇斗狠，江湖诨号"阎昆仑"，面对着来势汹汹的郭威大军，他露出了一个蔑视的眼神："不要虚，就是干！"

有叔叔托底，刘承祐血气和阳刚一同爆表，猛地一拍桌子："就是干！"

侯益目瞪口呆，这二位是不是有病啊！走了，不跟他们一般见识！于是带着本部人马给郭威助阵去了。

临阵投敌，太伤士气，侯益可把刘承祐给气坏了，气愤之余，刘承祐不停安慰自己，没事，我叔还在呢！谁敢横刀立马？唯我慕容叔叔！

翌日，两军阵前，慕容彦超横刀立马："郭威，好久不见！"

郭威："一脸长毛看不清，老兄你谁啊？"

慕容彦超："我，慕容彦超，跟你说个问题。"

郭威："有话快说，有……事快讲！"

慕容彦超："刘承祐不是你能惹得起的人。"

郭威："我怕死了。"

慕容彦超："你马上退军，懂？"

郭威："我是吓大的？"

慕容彦超："呵呵，彦超最喜欢对那些自认为能力出众的人出手，我有100种方法让你活不下去！哎呀，谁放冷箭！郭威你没有武德！哎呀，还射，好汉不吃眼前亏！"

乱军之中，慕容彦超，遁，刘承祐，卒……

郭威入京以后，第一件事就是一本正经地和群臣商讨有关后汉皇位继承人的问题，群臣也是醉了，这里是五代十国耶，篡位就跟打麻将轮流坐庄一样，完全是在正常操作好吗？郭兄弟你就别装了中不中，这皇帝就你来做吧！

郭威把头摇得跟拨浪鼓似的，说那可不行，兄弟我从来没有想过要当皇帝，我是来清君侧的，虽然皇帝死在了乱军之中，那也不是我干的。这事儿我绝对不能同意，再说先帝那两个手握重兵的兄弟刘崇和刘信也不能同意。

郭威虽然这样说，可群臣谁敢当真呢，于是大家都说没有想到合适的人选，纷纷不知如何是好。郭威说要不然这样吧，先帝不是还有一个儿子在京城吗？我记得好像叫刘承勋吧，就让他当皇帝吧。

太后李三娘闻讯赶紧拦着郭威，说大兄弟这可使不得，你那承勋大侄子身体不好，说不定哪天就崩了，他是万万做不了皇帝的。为了证明自己没说假话，李三娘还让宫人把刘承勋抬上大殿，大家一看，承勋大侄子果然病得不轻，只见他微闭着眼睛，面庞苍白得没有一丝血色，他时而眉头

微蹙，时而重重地吐纳，病痛的折磨使他丧失了往日的活力。

大家摇摇头一声叹息，纷纷都说这个不行，这病病歪歪的肯定是没法当皇帝的，要不郭兄弟还是你来做吧，刘承勋得以保住一条性命。

郭威再次固拒，表示我郭某人绝不能背信弃义，我只认刘家人做皇帝。

群臣被郭威难为得没有办法，只好找来刘知远家户口本，挨着个往下看，最后横看竖比对，决定让刘赟来继位。刘赟，刘知远侄，刘崇子，时任徐州节度使。

郭威非常高兴，大手一挥：去，接新皇登基。

群臣对郭威佩服得五体投地，这哥们连唾手可得的帝位都可以让出去，真仁义！

然而，就在大家纷纷夸赞郭威的时候，边关突然告急："大事不好啦，辽人又打过来了！"

这是一件非常神奇的事情，辽人逞凶主要依靠骑兵，我们知道马的生长规律是"夏饱、秋肥、冬瘦、春易死"，所以以往辽人发动大规模战争都选在秋季，因为"有马力"。然而时值隆冬季节，没草没粮没啥抢的，辽国人竟然不按常理出牌地打过来了，这脑了是集体进水了吧！

此时，郭威昂首挺胸而出，表示辽人有病，得治，我去治他们！

然而郭威大军刚开到澶州，士兵就哗变了，众人手持兵器威胁郭威，表示我们一致要求由你来做皇上，带领大家伙和谐稳定奔小康，这个位置你坐也得坐，不坐也得坐！

郭威心里非常难过，说弟兄们，你们这是在毁我老郭节操啊！我郭威深受先皇器重，如父如兄，我怎么能做出如此丧尽天良、厚颜无耻之事呢？再说你们看看，我这连个皇袍也没有，明显不被老天认可嘛……

在一片混乱中，柴荣、赵匡胤和一众兄弟"呼啦"扯下一面黄旗，往郭威身上一披："诺，皇袍有了，现在你赶紧顺应天意吧，谁再扯皮谁是小狗！"

事情发展到这里，郭威也只能一脸不愿意地接受兄弟们的好意，大军山呼万岁，气势直冲天际。

也许、可能、大概，郭威当皇帝那一刻，军威气势实在太吓人了，辽国人真切地感受到了什么是王霸之气，面都没敢露就退了回去。

郭威非常不开心地带着大伙班师回朝，刘赟则非常开心地赶着去京城做皇帝，结果半路突然蹿出一伙不明身份人员，把刘赟给绑架了。

郭威返回京都，在李太后面前号啕大哭："嫂子啊，不是兄弟不是人，实在是弟兄们太犯浑！"哭够了，他就登基去了。

公元951年，郭威正式称帝，国号大周，定都汴京，改元广顺，史称后周。

刘崇得知郭威称帝，也不管儿子的死活了，随即即皇帝位于晋阳，仍用国号汉，史称北汉。郭威怕留着刘赟会成为后患，命宋州节度使李洪义秘密杀之。

刘崇称帝后要做的第一件事，就是为儿子报仇。但若说以一镇节度使的实力硬刚后周，刘崇心里有点虚，可是此仇不报，这心中实属苦涩啊！刘崇左思右想，灵光一闪——有困难，找契丹！

下定决心卖国复仇的刘崇对辽国表示：当年石敬瑭叫您爸爸，我是和他一起打过天下的兄弟，我叫您叔叔。叔，咱们一起打后周呗，金钱美女、粮食土地大大地有！

辽国对这个提议非常感兴趣，发兵五万和北汉联军南下，围攻晋州。晋州守将顽强抵抗。寸土不让，后周的援军杀来，辽军招呼都没打一声就先撤了，北汉军队撤退不及，遭到追击，损失很大。这一战，使北汉在很长一段时间里都不敢南下。

老婆，我选择柴荣，是因为爱情

平心而论，哪怕把华夏数千年的皇帝都算上，郭威也能斩获个不错的排名，他除了喜欢收纳别人遗孀这个不良嗜好外，不荒淫，不奢侈，又励精图治，后周经过他的整治，渐渐有了大一统的意思。只可惜郭威登基之时，年华已逝，在位4年便溘然辞世。

郭威弥留之际，拉着柴荣的手不断叮嘱："我不行了，你赶快给我修坟吧！记住，一切从简，不要骚扰百姓，不要宫人守陵，不要太多工匠，不要宝物陪葬，不要楠木做棺，不要大肆宣传。你就给我立块小石碑，写上：平生节俭，纸衣瓦棺。"

柴荣非常不解："义父，咱大小也是个皇帝，不用节俭成这样吧？"

郭威眼睛一瞪："你小子懂啥！没看唐朝皇帝那些奢华大墓都让人刨了吗？"

柴荣深以为然，默默记在心里，决定死后也这么干。

当晚，郭威病死于汴京宫中滋德殿，其义子柴荣即位，史称周世宗。

却说华夏民族自"禹传子，家天下"以后，皇位更替正常情况下都是老子的位置儿子接班，即使出现特殊情况，也肯定会选皇族中人，以保证血统的传承。郭威临终传位给与自己毫无血缘关系的内侄柴荣，这在中国历史上是唯一的特例。

后人通常认为，郭威的儿子都被刘承祐给杀了，传位给既是义子又是内侄的柴荣也很正常。不过按传承制度来说，就算儿子没了，皇位至少应该传给与自己有血缘关系的人吧。从血缘关系的远近来说，至少有两个人要比柴荣更有资格。

这两人，一个是沧州李重进。

李重进的妈妈是郭威的四姐，也就是说李重进是郭威的大外甥。这个大外甥少年时便随舅舅南征北战，立下不少战功。舅舅即位后，他先后被封为大内都点检兼马步都军头、殿前都指挥使等职务，负责管理禁军，颇具军事才能。

无论从血缘关系还是才能、资历上说，他都比柴荣更有资格，但皇位最终就是没有轮到他。戎马一生、历经沧桑的郭威想必也明白大外甥的心情，于是在临终颁布遗命时，特意让李重进向柴荣下拜，行君臣之礼，以定君臣之分，让李重进彻底放弃幻想。

另一个是并州张永德。

张永德与郭威也没有实质上的血缘关系，但他媳妇与郭威有很密切的关系啊！——他媳妇是郭威唯一幸免于难的女儿寿安公主。郭威英雄一生，到头来就剩下这么一个女儿，自然疼爱得紧。

说起来这里面还有一段故事。郭威尚未发迹之时，与张永德父亲关系很铁，便做主将女儿嫁给了张永德。后来兵荒马乱，天各一方，音讯全无。

多年以后，大权在握的郭威率兵途经宋州，当地人前来围观，人群中有一女子惊呼"这人是我爹！"

大家都觉得她是疯子，见到有钱人就叫爹，要驱赶她。郭威听到动静，转头一看："哎呀，还真是我女儿啊！"父女于是抱头痛哭，郭威随即将女儿女婿带到军中。

郭威当上皇帝以后，张永德很受重用，先后在禁军中担任要职，但皇冠最终也没有他的份儿。

那么，郭威为什么独独传位给柴荣呢？——很可能是因为爱情。

郭威与柴姐姐在一起以后，一直没有爱情的结晶，于是便将柴姐姐哥哥的儿子柴荣当成自己的孩子养。郭威当上皇帝时，柴姐姐已经不在了，但郭威情深难变，下诏追封柴姐姐为圣穆皇后，从此再没立后。在去世的前一年，郭威封柴荣为晋王、开封尹，事实上已经指定他为皇位继承人。

郭威是个有情有义的汉子，他明白自己今天的一切多是拜柴姐姐所赐，他不能忘恩也不能忘情，为此他一生不再立后，也许也是为此，他选择了柴荣，因为他是她的侄子。

皇上，契丹人脑子又进水了！

公元954年，北汉皇宫，刘崇收到郭威死讯，热泪滚滚："儿子，杀害你的人终于挂掉了！"随即，刘崇向他的耶律叔叔请兵，准备趁后周皇位更替，政局不稳，干他一票。

辽军上次入境本以为能够满载而归，结果被郭威搞得狼狈奔回，心中也是耿耿于怀，于是和刘崇一拍即合，两伙人谈好条件，合兵南下。

后周守将李筠匆忙迎敌，指挥失当，损兵折将，导致形势非常被动。消息传回京城，柴荣虎躯一震，当即决定："朕要御驾亲征，和他们一决雌雄！"

对此，大臣们纷纷表示反对，说皇帝你这刚登基，位置还没坐稳呢，你一走，有人搞阴谋诡计，借机篡位怎么办？你消停在家待着，稳固皇位最重要，打仗这事儿交给大将就行了。

柴荣不听，和群臣好一顿掰扯，拿唐太宗经常御驾亲征说事，群臣纷纷不以为然，直接怼他："你跟人家唐太宗也没法比啊！"

柴荣小脾气也上来了："唐太宗没成为唐太宗之前谁知道他会成为唐太宗？唐太宗要想成为唐太宗，他就必须御驾亲征，朕不想成为唐太宗，朕要做独一无二的柴荣，朕的理想是和唐太宗齐名，所以朕要御驾亲征！"

后周群臣眼见皇上这么任性，知道再劝他也不会听，索性不劝了，柴荣亲自披挂上阵，大战一触即发！

北汉这边，刘崇看到柴荣人马不多，狂妄了，认为凭借自己的力量完全可以碾压后周，为了在辽叔面前表现自己，将来争取到更多的合作利益，他决定单军对敌。

辽将杨衮在阵前观察了后周的阵势和军容，告诫刘崇："周军很强，不可冒进！"

刘崇不以为然："机不可失，不打不行，杨将军你就在这里嗑瓜子，看我如何收拾这帮乱臣贼子！"

杨衮沉默了，心说你继续装，使劲装，有你哭的时候，我倒要看看你北汉是怎么破敌的。

你还别说，刘崇这开战三板斧砸得还挺硬，后周右军主将樊爱能、何徽本来就有怯战心理，交战不久，见北汉来势凶猛，领着骑兵就跑了。骑兵一跑，后周右军步兵直接暴露在敌人骑兵的铁蹄之下，被好一阵掩杀。

柴荣看到这一幕，目眦欲裂，跃马挺枪，率左右亲兵冲杀过去，张永德、赵匡胤一左一右，一边护驾，一边血战。

后周军士见自家皇上和主将如此玩命，全都打了鸡血，无不以一当十，战场形势瞬间逆转，北汉大败。刘崇亲自摇旗呐喊，鼓舞士气，嗓子都喊破了，但根本止不住溃势。

杨衮把瓜子一扔："刘崇啊，我就不看你如何破敌了，兄弟家里还有点事儿，先走一步！"然后带着大辽骑兵就回去了。

后周军一路追杀北汉到高平，北汉兵将尸体布满山谷，丢弃的军资器械到处都是，另有数千北汉兵投降。刘崇仅仅率领百余骑兵狼狈脱逃。

柴荣就这样搞定了自己登基之后最大的一场危机。

仗虽打胜了，但同时也暴露了不少问题，柴荣痛定思痛，决定大力整顿军队。他先将樊爱能、何徽及其手下70余名将校全部斩首，以整肃军纪，接着开始精化禁军，总的来说就是把禁军中老弱病残忩淘汰掉，从地方挑选精英再补充进来。

赵匡胤同志在此次战斗中作战勇敢，表现突出，因功升殿前散员都

虞候。

柴荣厉兵秣马一段时间以后，觉得是时候找个对手试试整顿效果了，但是，打谁呢？辽和北汉暂时还是不惹为妙，这二位实力在那摆着呢，贸然动手危险系数太大。南唐和后蜀不错，这两个国家君主整天就知道研究如何提高 GDP，军队战斗力水到不行，正好拿来练兵。

说干就干，在柴荣的运筹下，后周接连对南唐和后蜀发动几次战争，打得两国叫苦不迭，南唐皇帝李璟索性主动放弃皇帝尊号，自称国主——大哥你别打了行不，我认怂！

柴荣这下心里有底了，开始磨刀霍霍向契丹。

公元 959 年，柴荣再一次御驾亲征，用时 42 天，连收被辽国霸占的三关三州，共 17 县，正当他准备一鼓作气光复幽云十六州的时候，突发疾病，无奈之下，只好收兵。

柴荣这一病就没再起来，弥留之际，他做出一个重大决定——把禁军一号人物殿前都点检张永德撤职，改由赵匡胤接任。

很多人都说，张永德被撤职，是赵匡胤一手策划的阴谋。

传言，柴荣北伐辽国时，赵匡胤弄了一块木牌，上书"点检作天子"，柴荣看到以后便对张永德产生了戒心。至于真假，不得而知。

公元 959 年，一代雄主柴荣病逝，他年仅 7 岁的儿子柴宗训继位。柴宗训继位后不久，又发生了一件十分神奇的事情——辽人脑子又进水了，竟然又在大冬天打过来啦！

从保镖到至尊，艺祖赵匡胤的华丽转身

在一片混乱中，赵光义、赵普和一众兄弟"呼啦"甩出一件黄披风，往赵匡胤身上一披："诺，皇袍有了，现在你赶紧顺应天意吧，谁再扯皮是小狗！"

事情发展到这里，赵匡胤也只能一脸不愿意地接受兄弟们的好意，大军山呼万岁，气势直冲天际。

......

兄弟们，你们这是在毁我节操啊！

在揭开契丹人脑子为什么又进水的谜底之前，我们先讲一个故事：

公元 927 年，河南洛阳夹马营一位军官家中，突然间红光爆室，一阵异香弥漫开来，经久不散，邻居们拎着泔水桶匆忙赶来，大家都以为是谁家失火把胭脂铺燎了呢。直到近前，众人方才知晓，原来是这家主人喜得贵子，红光和异香正是出自那婴孩身上，众人啧啧称奇，亲切地将那婴孩唤为"香孩儿"。

那婴孩的父亲此时早已激动得热泪盈眶："想我赵弘殷少年参军，摸爬滚打这么多年，不过混了个下级军官，如今天降贵子，必能光宗耀祖，光大门楣！"于是为那婴孩取名——赵匡胤！

"匡"为"振兴"之意，"胤"为"延续"，足以见得这位父亲对于爱子抱有极大的期望。

讲到这里估计大家也看出来了，这显然是古代帝王的惯用套路，他们都喜欢把自己的出生描绘成奇异事件，告诉别人，正因为自己生来高贵，所以注定君临天下。其实，这话反过来说，才是事实。

好了，不管是香孩儿也好，还是熊孩子也罢，后周殿前都点检赵匡胤现在还只是个婴孩而已。

时光如水，岁月如歌，转眼间赵匡胤来到了 21 岁，他做出了人生中第一个重大决定——他要离家出走！他之所以如此，并不是和父母闹别扭耍性子，主要还是因为生活压力太大。

这么多年过去了，赵匡胤的爸爸虽然不断调换驻地，但并没有调整军衔，他还是那个下级军官，家中又添了赵匡义、赵匡美以及一个妹妹，生活越来越拮据了。关键是，这时的赵匡胤已经成家了，他怎么还好意思窝在家里啃老呢？

那一天，赵匡胤拉着老婆的手说："对不起，拿起剑，我就没法陪你；放下剑，我就没法赚钱养你！"说完，夫妻俩相拥而泣，场面十分感人。

"这恶心人的生活拆散了多少痴男怨女！"赵匡胤忍不住一声叹息，松开拥抱妻子的双手，紧了紧身上的包袱，摸了摸腰间的佩剑，向妻子和家人投去深情的一瞥，毅然决然地跨出家门，从此仗剑走天涯。

"老婆，等着我，我会回来的，我一定要让全家人过上幸福美好的生活！"

然而，理想虽然很丰满，现实却一直很骨感，在那个兵荒马乱的年代，一个没有背景的男人想要出人头地谈何容易。他的盘缠很快用完了，他的佩剑和爱马也都卖了，他开始在山间野地打地铺，靠野菜、泉水和小动物充饥。

这时，赵匡胤突然想起了一个人，这个人即将改变历史的走向，这个人是谁？他有何等的能量？他为什么可以左右历史的发展？

这个人叫王彦超，是赵匡胤父亲的老战友，当时在湖北复州担任防御使。正所谓一分钱憋倒英雄汉，赵匡胤此时饥寒交迫走投无路，他想到了走人际关系这条捷径，他决定出卖父亲的老脸，去王彦超手下谋个相对不错的差事干干，起码先解决了衣食住行问题。

可赵匡胤没想到，王彦超竟然如此不给面子，直接在饭桌上就把自己给婉拒了，还扔出十贯钱！

"贤侄啊，叔这鸟不拉屎的地方实在没有什么发展前途，叔最近手头也不宽裕，这是背着你婶子偷偷攒的一点私房钱，你拿着路上用，千万别跟我客气！"

这是在羞辱人吗？这是在打发要饭花子吗？赵匡胤也是个要脸的人，他堂堂的未来君王，怎么可以在金钱面前丢面子！他默默拿起了桌子上的钱，连说感谢，红着脸走了……

历史告诉我们，在你没有实力的时候，不要太在乎面子，毕竟面子再金贵，它也不能当饭吃。

赵匡胤走出了王府，生活的艰辛让他动了打道回府的念头，重要的是，他想老婆了，可是，就这样落魄还乡，以后在人前还怎么抬得起头？要是邻居大妈没事就在爸妈面前念叨谁家孩子在外面混得多么好，自己还不羞臊死了？

"男子汉大丈夫当以事业为重，怎能太过儿女情长！"这样想着，赵匡胤决定——自己选的路，跪着也要把它走完！

好在天无绝人之路，几经辗转，赵匡胤投到了郭威帐下，成为柴荣的小弟，从而引发了"契丹人脑子又进水"事件。

时光如水，岁月如歌，时间来到了公元960年正月初一。这一天，边关告急——契丹人又在大冬天打过来了！

宰相范质大喊一声"哎呀咋办"，感觉满朝文武只有赵匡胤能解燃眉之急。于是，两个人之间出现了下面这段对话：

范质："赵兄弟，国家兴亡，匹夫有责，咱们大周上上下下可都看着你呢！"

赵匡胤："老范你别跟我扯，这仗谁打能赢啊？大周上上下下也看着你呢，你行你上吧！"

范质："爷的嘴皮子是用来辅佐皇上的，不是用来教育你的，就问你去不去！"

赵匡胤："去是不可能去的，这辈子也不可能去的！"

范质："这是肉眼可见的丰功伟绩，赢了你就是当朝第一，要不你再考虑考虑？"

赵匡胤："多大的功绩有命重要啊，不可能去。"

范质："你信不信，再说一句不去，我让皇上赏你全家一块坟地！"

赵匡胤："哎呀！我去！"

——明明心里想得到，嘴上却说俺不要，赵匡胤简直不要太奸狡，这一招"欲擒故纵"用得实在是高！

紧接着，赵匡胤再拿一滴血——趁火打劫！

"范哥，我兄弟这么少，你是打算让我送人头去吗？"

——这是在"趁你病，要你兵"，范质和小皇帝心里门清，然而，他们仍愿意相信赵匡胤仅仅是要一点兵。

就这样，打着为国御敌的大旗，赵匡胤将军权要到手里。

话说赵匡胤带着兄弟们雄赳赳气昂昂地来到一个叫陈桥的地方，说什么也不走了。干什么呢？喝酒！——我可是醉了，你们想干什么看着办吧！

结果，这酒喝完，士兵就哗变了，众人手持兵器威胁赵匡胤，表示我们一致要求由你来做皇上，带领大家伙和谐稳定奔小康，这个位置你坐也得坐，不坐也得坐！

赵匡胤心里非常难过，说弟兄们你们这是在毁老赵节操啊！我赵匡胤深受先皇器重，如父如兄，我怎么能做出如此丧尽天良、厚颜无耻之事呢？再说你们看看，我这连个皇袍也没有，明显不被老天认可嘛……

在一片混乱中，赵光义、赵普和一众兄弟"呼啦"甩出一件黄披风，往赵匡胤身上一披："诺，皇袍有了，现在你赶紧顺应天意吧，谁再扯皮是小狗！"

事情发展到这里，赵匡胤也只能一脸不愿意地接受兄弟们的好意，大军山呼万岁，气势直冲天际。

也许、可能、大概，赵匡胤当皇帝的那一刻，军威气势实在太吓人了，辽国人真切感受到了什么是王霸之气，面都没敢露就退了回去。

赵匡胤返回京都，在符太后面前号啕大哭："嫂子啊，不是兄弟不是人，实在是弟兄们太犯浑！"哭够了，他拿出一份禅让声明："那什么，嫂子，你快让大侄子把这个签了吧。"

群臣纷纷捂脸：一样的配方，一样的味道，话说老赵你能不能搞点有新意的东西啊？

值得一提的是，这次政变并没有什么腥风血雨，赵匡胤虽然不仗义，但心底终究还保留着一丝仁义。

有人建议把柴家人斩草除根，以绝后患，赵匡胤深情告白："柴大哥待我不薄，夺人家产还要杀人妻小，哥们我真的做不到！"随即给柴家颁发了一部丹书铁券，并立下誓言："只要赵氏执掌江山，柴氏子孙寻常死罪可免，即便谋反，也要让他们死得体面。"

得益于赵匡胤的精湛演技，北宋踩着后周的肩膀迅速崛起，赵匡胤也被誉为史上难得的仁义皇帝。

这场兵变，没有喋血宫门，尸横遍野，更没有血染河山，兵连祸结，几乎是兵不血刃，就达到了改朝换代的效果，创造了"不流血而建立一个大王朝的奇迹"。

当然，杠精们不会这样看，他们会觉得这不过是兵权与实力震慑的结果，然而，兵权、实力这些绝对力量，只能保证兵变的最终成功，至于是怎样一种成功，则很大程度上取决于决策者的政治水平，能够将大事化小，翻手为云、覆手为雨，单从这一点上说，赵匡胤绝对强过李世民。

喝完这杯酒，哥几个就退休

赵匡胤虽然几近完美地夺取了后周江山，然而，他最近有点烦。

朝中那些后周遗老尽管迫于压力愿意尊他为帝，但实际上心里并不服气，于是逮着机会就怼他两句，赵匡胤当然很生气，可是生气又能怎么办呢？大家以前都是老同事，真把这些人全都咔嚓了又不是赵匡胤的性格。算了，不想了，打猎去吧。

来到猎场，赵匡胤让大伙都丢下随从，说是跟老哥几个重温一下当年纵马驰骋的场景，众人欣然领命，跟着老赵一路狂奔，来到密林深处，老赵倏然勒住缰绳，点了点头："嗯，这是个动手的好地方！"

众人惊恐："赵……皇上，你想干吗？"

赵匡胤："我没想干吗啊。"

众人诧异："那你说这是个动手的好地方？"

赵匡胤："我就想啊，你们是不是挺不服我的？要是不服，今天天气不错，地方我也选好了，你们就跟这弄死我，然后你们再选个皇上，大家觉得怎么样？"

众人："皇上您别开玩笑了，我们哪有不服啊，我们心服口服无比佩服！"（你小子可别虚头巴脑了，谁不知道你特别能打啊！）

赵匡胤："那既然这样，以后别在我面前装了，知道不？兄弟我也是要面子的！"

众人："必定、一定以及肯定！"

于是君臣几个非常愉快地一起玩耍，带着猎物融洽无间地一起打马回家。

然而没过多久，赵匡胤又心烦了，这次情况还比较严重，导致他食不知味，连续失眠。

宰相赵普大殿之上望着老赵失去光泽的脸、深深塌陷的双眼，忍不住在心里琢磨："皇上这是怎么了？到底发生了什么事？让他憔悴成这个样子？

正百思不得其解之际，赵匡胤突然说了一句："赵爱卿，下班你先别走，中午陪朕喝两杯。"

酒桌上，赵匡胤长吁短叹："普啊，朕最近老是失眠心悸，盗汗如雨。"

赵普："皇上，您这是需要补补身体了吧！"

赵匡胤狠狠地白了赵普一眼："朕的意思是，最近有些事搞得我心神不宁，坐立不安……"

赵普："皇上，老臣当年偶得一民间偏方，贴肚脐，治痔疮，效果特

别棒！"

赵匡胤："赵普，你去，把朕那把精致可爱的小斧子拿来！"

话锋一转，赵匡胤很认真地说道："这些天我一直在想，从朱温称帝到我大宋立国，皇帝跟割韭菜似的，割了一茬又一茬，死神的镰刀就从来没有停止挥舞过，这到底是为什么呢？"

赵普一听，心下了然，原来皇上这些天把自己折磨成这个样子，是担心黄袍加身的类似事件再度重演啊。想到这里，赵普捋了捋胡须，分析道："皇上，依微臣看，唐末以来城头频换大王旗，主要是因为军人权势太大，大到了可以以臣欺君的程度，要解决这个问题，也不是没有办法。"

赵匡胤脸色微微不好，赵普连忙又说："陛下您不一样，您是盛德之下众望所归，被弟兄们绑架入京，郑王（柴宗训）见您雄姿英发、雄才伟略、雄远气度、雄厚天资、德才兼备、德高望重、德厚流光、德艺双馨，自感弗如、自惭形秽、自愧不已……"

赵匡胤手起斧落，猛一砸地："别拍了！说正事！"

赵普正经了一下神色，继续说道："这个办法其实说起来很简单，就是逐步削减军队领导的权势，限制他们的军需，将精兵统统皇有化，问题自然就解决了。"

赵匡胤狡黠一笑："赵普，你这个主意非常不错，你真坏！"

赵普："皇上，不瞒你说，我感觉自己好像变身成了一种羊。"

这天，赵匡胤把石守信、王审琦等几位老哥们叫到一起，说大家好久没聚了，今天聚聚，就是简单聚聚，不谈公事。

众人欢聚一堂，赵匡胤长吁短叹："亲们，朕最近老是失眠心悸，盗汗如雨。"

石守信："皇上，您这是需要补补身体了吧！"

赵匡胤狠狠地白了石守信一眼："朕的意思是，最近有些事搞得我心神不宁，坐立不安……"

王审琦："皇上，老臣当年偶得一民间偏方，贴肚脐，治痔疮，效果特别棒！"

赵匡胤："呵呵，那什么，喝酒，老王你赶紧干了，干啥呢？养鱼啊！"

酒过七八巡，众将微醺，赵匡胤开始回忆往事："话说当年，老赵我硬是被你们这帮混蛋逼着抢班夺权……"

石守信："这话是真的，确实是兄弟们逼的。"

高怀德："讲真，大哥你当时老为难了，我看着都心疼！"

此话说完，赵匡胤话锋一转，寒气上脸："那如果有一天，你们的小弟也逼你们造反呢？"

众将瞬间感到一股杀气在蔓延，马上跪成一片，大家都泪水涟涟："皇上，我们都是粗人，压根没想到这个事儿啊，皇上您快给我们指一条明路吧！"

赵匡胤脸色一缓，很是委婉："如果哥几个自己想退居二线，老赵我绝不强人所难，哥几个回去以后，我保证大家有房有妾还有田，家里银子花不完，快快活活颐养天年。"

赵匡胤话音一落，有几个玻璃心的当场就号啕大哭："皇上你有话一口气说完啊！我们还以为今天就要寿终正寝了呢！"

大家见惯了当皇帝的卸磨杀驴，卸完磨把驴供起来的还是头一回见，心里都有一种"赚到了"的美好体验。

于是第二天上早班，大宋的武将们"哗啦"一下病倒一片。

石守信："皇上，我有病！我得了一种一上班就头疼的病！"

王审琦："皇上，看样子就知道，我也病得不轻！"

高怀德："皇上，我药不能停！"

张令铎："皇上，你能不能让高怀德把药分给我一点……"

……

赵匡胤故作惋惜，一脸不愿意地批准了大家的辞职申请。

这就是"杯酒释兵权"，史上难得一见的精彩表演。

过了一段时期，又有一些节度使来京朝见，赵匡胤在御花园举行盛宴，

他定睛一看：嘿，这不王彦超吗？！瞬间来了"逗你玩"的心情。

赵匡胤和下属们简单寒暄了一番，便笑着问王彦超："王爱卿啊，朕当年饥寒落魄，下了好大决心才厚着脸皮去投奔你，你为啥用那么点钱就把我给打发了？朕到现在也想不明白啊！"

王彦超当时就跪了："陛下，庙小装不下大菩萨，浅水如何养神龙？我那一亩三分地，自然供养不了九五之尊，这是上天的安排，不是我王彦超这种凡夫俗子能决定的啊！"

赵匡胤本来也没想真和王彦超计较，呵呵一笑，此事翻篇，大家干酒。王彦超偷偷抹了一把冷汗：幸亏我活到这个年龄有了该有的机智。

觥筹交错，酒至半酣，赵匡胤对着众人又笑了："诸位爱卿啊，你们都是国家老臣，现在藩镇事务那么繁忙，你们年龄这么大，还要你们做这种苦差事，朕实在有点于心不忍啊！"

王彦超端杯的手微微一抖，迅速稳定心神，马上接口道："陛下，我这岁数一大就特别爱忘事，留在这个位子上真心不合适，希望陛下恩准我辞职。"

赵匡胤故作为难："哎呀，朕的江山还得靠你帮衬着呢，你怎么忍心丢下朕一个人受此大累？不过既然你去意已决，朕也不好强人所难，准了！你放心，朕保证你有一个幸福晚年。"

也有人不知趣，唠唠叨叨地把自己的经历夸说了一番，说自己立过多少多少功劳，听得赵匡胤直皱眉头，说："你们这是给后周立的功吧，跟我大宋有什么关系呢？"

这话信息量就大了，自然没有人依旧不知死活。

这是赵匡胤第二次杯酒释兵权，第一次他解除了身边潜在的造反威胁，从此大宋的主战兵团都被皇帝抓在手里；第二次解除了藩镇自立的危险，这时他的军事力量足以威慑那些战将，这些人就算心有不甘也只能屈服，况且赵匡胤并没有亏待他们，算不得狡兔死走狗烹。

解除了身边的潜在危险，赵匡胤志忐依然，又琢磨出许多新规矩来保障安全。

比如，将调兵权、管兵权、统兵权三权分立。三衙管兵，枢密院调兵，皇帝统兵。三衙、枢密院两位大佬互相监管，皇帝只手遮天。

那么，将军干什么呢？士兵们也是无比蒙圈——谁是我们的将军？

在宋朝，讲究的是"兵不识将，将不识兵"。

赵匡胤让学霸去军队当老大，让武将去努力学文化。脑补一下，画面是不是很奇葩？

如果需要和人打架，赵匡胤才将部队交给武将统辖，一干完架，还没暖热的兵符立马就要还给学霸老大。武将在宋朝的存在感，简直催人泪下。

按照赵匡胤的设计，若无战争，军队的将领基本就是光杆司令。若某一天，大宋突然出现战况，将领才被空降到某一支队伍前：诺，这支队伍暂时归你管了。

而迎接这位将领的，恐怕只能是一些缺乏信任、保持距离的情感反应。一场战争结束，当他好不容易和队伍擦出一点情感火花，刚和下属热络起来，兵符就交回去了，下次打仗，他又被空降到了另一支队伍。

就这样，将领和军队被彻底分割，所有的军政大权其实都集中到皇帝一人手中，军人想要造反，极难！

然而，三权分立对于巩固皇权固然有利，弊端却也很明显。在赵匡胤重文抑武的政治思路下，宋朝的战斗力就好比钢铁侠。你以为很猛吗？不！这家伙要不是有钱！有钱！有钱！不知道早让人干死多少回了。

不过，战五渣并不可怕，因为总有人比你还要战五渣。

荆南、湖南，快到朕的图上来

赵匡胤大刀阔斧地整治完自家军人，就想让自家军人去大刀阔斧砍别人了，那么问题来了——先拿谁祭首刀？

要知道，五代那些小国虽然个个体质娇柔，但想要轻易推倒也是不可能的，毕竟大家都在乱世里混了这么久，能够割据一方，裂土称王，谁还没有一套安身立命的看家本领呢？

赵匡胤最想试刀的当然是北汉，可是北汉现在着实动不了，毕竟人家有他辽叔做靠山，真打起来，以自家目前的实力来说，极有可能会翻车。

南面那些小国就更没法打了，你说你们大小也算一方枭雄，怎么就不能有点骨气呢？非得向我赵匡胤称臣进贡，这要是无缘无故打你们，天下人还不得说我赵匡胤不仗义？赵匡胤最怕别人说他不仗义了，一提"仗义"二字，他就忍不住想起柴荣。

这段时间，赵匡胤每天都愁眉不展郁郁寡欢——朕就不明白了，现在是乱世啊！大家都这样和谐相处干吗？为什么就没有人出来搞点事情呢！

正当赵匡胤愁得头发一薅一大把的时候，有个爱搞事情的人站了出来。这个人叫张文表，是湖南军阀大佬周行逢的拜把兄弟，就和赵匡胤那个"义社十兄弟"是一样的关系。事实证明，赵匡胤的担心是完全合理的，在五代十国，这种曾指天发誓愿为兄弟两肋插刀的磕头弟兄，在权欲面前往往最容易成为插兄弟两刀的那个人。

建隆三年（公元 962 年），周行逢撒手人寰，死前拉着 10 岁幼子周保全的手说："如果张文表作乱，就让杨师璠平叛，如果杨师璠搞不定，再去找赵匡胤。记住，不到万不得已……"话没说完，他就去了。

周行逢果然料事如神，他死之后，张文表和当年的赵匡胤如出一辙，觉得人家孤儿寡母好欺负，就兴兵作乱。

有了父亲的死前叮嘱，周保全反应迅速，他一面给手下将士们临阵打气，一面派杨师璠出兵讨伐张文表，但病急乱投医的他同时也犯下了一个无法挽救的大错误——火速派人向赵匡胤求援。

赵匡胤接到湖南方面的求救信，乐坏了，这真是刚想挖墙脚就有人送锄头啊，然而，作为一个野心家，赵匡胤想要的可不止湖南一省之地，荆南（今湖北一带）那个地方他也是越看越喜欢！

但是，别人一求就答应，是不是显得太好说话了？赵匡胤觉得，这个架子必须端一端，兵法上不是讲了吗，要欲擒故纵！所以尽管湖南方面一再求救，老赵就是按兵不动，直到次年正月，他才让慕容延钊和李处耘领兵出征，并面授机宜，说你们到了荆南就这样这样……

两位将军齐齐点头，都觉得皇上简直——蔫坏蔫坏的。

慕容延钊和李处耘到达襄阳以后，马上联络荆南军头高继冲，对他说："荆南王啊，你肯定也知道吧，湖南那边现在内乱闹得很厉害，周保全那娃娃向我皇求救了，我皇仁义，不忍心看他们孤儿寡母受欺负，就派我们过来帮一帮忙。我们寻思去湖南从你这里走肯定最近啊，这么地，我们借你道出个兵，顺便你再派点弟兄给我们撑撑场子，睦邻友好嘛，你也不能坐视不管是不是？"

荆南君臣估计当时心里都得骂娘了——你们这群混蛋拿谁当二百五呢？合着我们荆南人民都不看书？都不知道假途灭虢是不是？

然而，心里骂归骂，脸上还得笑哈哈："二位将军说得是，皇上英明！就按咱家皇上的英明决策办，就这么办！"——这就集体归顺了，没办法，不归顺肯定要被团灭啊！

宋军兵不血刃拿下荆南，大军继续向湖南进发，誓要挽救湖南人民于危难之中。

　　然而，由于赵匡胤之前端架子端太久，装过头了，导致杨师璠先他一步擒杀了张文表，湖南内乱基本平定。

　　但是赵匡胤觉得，作为一个仗义的人，必须帮人帮到底，送佛送到西，于是大军继续向湖南挺进。

　　湖南君臣慌了，赵匡胤这心，路人皆知啊，不行，千万不能让他们过来，于是赶紧派人到边境犒劳宋军，一边猛夸宋军仗义勇猛，一边小心翼翼地表示："得天朝大军仗义出手，张文表那逆贼已经身首异处了，剩点顽固余孽我们自己就能搞定，怎敢继续劳烦王师？要不……王师就先回去吧？这有点银子，给兄弟们买酒喝，来，拿着，拿着……"

　　宋军瞬间愤怒了！我们千里迢迢就为了讨点酒喝？你们招之则来，挥之则去，把我们当什么了？不行，出来混一定要讲信用，说帮人帮到底，就一定要帮到底！

　　周保全这孩子你别看他小，但他豪气冲云霄，紧急召开一个内部会以后，当即做出决定：不能怂，跟他们干！

　　于是"好心好意"要帮人的宋军和"不知好歹"拒绝帮助的湖南军展开了一场血战。李处耘对于周保全等人拒绝接受帮助的行为感到非常愤慨，决定向他们展现一下大宋军队的风采，便在一场激战过后，从俘虏中挑选出几十个胖小伙，把他们分而食之……食之……

　　湖南军民眼见宋军食人，心理和生理方面都产生了极大不适，浑身发软，无力再战，只能弃城而逃，周保全没逃多远便被宋军捉住，湖南正式纳入了宋朝版图。

　　宋朝拿下荆南、湖南，也就占据了长江中游，顺流而下可击南唐李氏，逆流而上可攻后蜀孟氏，向南可直扑南汉刘氏。由此，赵匡胤开始了他终结五代、一统十国的征程。

朕灭后蜀，真不是为了花蕊夫人

赵匡胤以迅雷之势拿下"两南"，给周边国家造成了极大恐慌，大家都厉兵秣马，枕戈待旦，准备抱起团来和宋朝大干一场。然而，宋朝在折腾一番以后，就按兵不动了。

正当大家狐疑不解，完全搞不清赵匡胤是什么状况时，宋朝宣传部门开足马力为自己制造国际舆论：

前段时间，我方的正义行动给诸位造成了一定困扰，在此，向诸位深表歉意。

我方认为，必须把事件的来龙去脉公之于众，以消诸位疑虑。

事实上，在荆南、湖南的问题上，并非我方故意制造争端，发动战争，实乃两国内乱严重，致使人民陷入水深火热之中，我皇本着济世救人的大慈悲，不忍见苍生受难，故而派遣部队接管两地，还两地人民平安生活。

再次声明，我方将全力承担起维护世界和平的重任，诸位只要不主动向我大宋挑起争端，我大宋保证秋毫无犯。

——然后南唐、后蜀、南汉等国听着听着，就信了……他们把跳到嗓子眼的心又慢慢放回到肚子里，然后开始大力折腾自己的国家。

后蜀此时的领导人叫孟昶，是一位中年文艺大叔，孟大叔年轻时也是个励精图治的好皇帝，他勤于政事，整顿吏治，开疆辟土，使后蜀综合实力不断增强，他重视教育，与民休息，仁慈治国，将后蜀建设成了五代十国中唯一人民安居乐业的乐土。

如果孟大叔能始终如一地励精图治，勤政爱民，他在中国历代帝王谱中一定能获得个不错的排名，可惜孟大叔在爱民的同时，思想堕落了。

历史上，皇帝的特权之一就是看上了谁家姑娘，都可以无条件地娶回家，孟大叔在这方面就毫无底线，他恨不得全四川的美女都属于自己，完全不考虑广大剩男兄弟的痛苦感受。谈情说爱之余，孟大叔就喜欢带着他最钟爱的花蕊夫人去郊外飞鹰走马、鞠球射猎，生活越来越恣意，越来越奢侈淫逸，乃至后来，孟大叔连上厕所都要使用私人订制的七宝小夜壶，要是不看着那七颗闪闪发光的小宝石，他大概就厕不出来。

有一说一，孟大叔虽然荒淫得很可以，但他的确非常重视民生问题，国家在他的领导下富得流油，百姓也能安居乐业，国内几乎没有动乱，凭借着"蜀道难，难于上青天"这样的天险，孟大叔心底并不惧怕赵匡胤。当然，他也没有多少野心，原打算就这样偏安一隅，和他的女人们、百姓们一起快快乐乐地生活下去。

然而，赵匡胤以无耻手段迅速拿下"两南"之后，孟大叔有点虚了，他觉得与其等着赵匡胤玩死自己，不如先发制人，于是他决定，向赵匡胤的死对头北汉寻求合作，把敌人的敌人变成自己的朋友，然后一起出兵打垮赵匡胤。

然后，他就极可悲地被自己的信使给出卖了……

赵匡胤拿到孟昶意图联结北汉的密信仰天大笑："哈哈哈哈……孟昶啊孟昶，你对我真是太够意思了！我正愁找不到理由攻伐蜀地呢，你就给我送了这么大一个礼！"当即下令，集结军队，杀向四川。

孟大叔得知宋军杀来的消息以后，不惧反笑："哈哈哈哈……赵匡胤你不要欺人太甚！我川军一寸山河一寸血，十万子弟十万兵，你宋军来得了，不一定回得去！"当即下令，集结部队，准备反攻。

谁也不知道，孟大叔到底为什么会拥有如此强大的自信。大概，是因为王昭远吧。

王昭远是孟大叔年轻时的亲密伙伴，因为懂得投皇帝之所好，逐渐被委以军国重任，蜀国军政大事，全凭王大人做主。结果，后蜀近30年的国泰民安，导致这哥们出现了一种幻觉，觉得这一切都是他王大人的功劳，因此常自比蜀汉丞相诸葛孔明，整天琢磨效仿孔明北伐中原。

因此，当王昭远听闻宋军大举来犯，他大乐——这不是正愁没有招，天上掉下个黏豆包吗？我王孔明大显身手的时候到了！在他的鼓吹和极力怂恿之下，孟大叔也是自信心爆表——赵匡胤，天堂有路你不走，地狱无门你闯过来！

誓师大会上，王孔明手持铁如意，调兵遣将，颇有诸葛风度，他的发言也颇为慷慨激昂："同志们，我主仁慈，绝非软弱，赵贼狂妄，欺人太甚，川蜀男儿，自古血性，犯我蜀者，虽远必诛！今天，我王某得皇上信任，挂帅三军，为报我主隆恩，必同大家一起反杀宋军！来，举起你们的右手，我们一起立下誓言：黄沙百战穿金甲，不破宋贼终不还！"

孟昶："干死他们！"

而宋朝这边更是斗志昂扬，将士们一听要打后蜀个个如狼似虎——话说四川可是个好地方啊！粮多钱多美女多，老大吃肉我们喝汤也行啊！赵匡胤为了激励士气，还特意官宣："这次打后蜀，地盘归朕，其他东西你们随便分！"此言一出，宋军战意瞬间飙升 10010 个百分点。

这种情况下，蜀宋两军相遇了，一方 30 年来未起干戈，武艺已消磨，一方不时刀头舔血，状如疯魔，结果，什么"蜀道难，难于上青天"都成了摆设。王全斌、刘光义率两路大军势如劈竹，长驱直入，狼狈奔逃的王诸葛忙向孟昶紧急求援——大哥，快救我啊，兄弟这回踢铁板上了！

孟昶此时同样状如疯魔——你不是必能反杀宋军吗？你不是不破宋贼终不还吗？我现在也不让你反杀了，你凭借有利地形给我守一阵子，让我联系一下北汉行不行啊！但是，那是不可能的！宋军一路平推，后蜀危在旦夕。

千钧一发之际，孟昶派出了自己的儿子，太子孟玄喆，单看这名字，就有一股霸道之气油然升起对不对？然而，我们都想多了。这家伙比王昭远还不靠谱，他带了几十名姬妾随军同行，这是去打仗吗？打情骂俏还差不多。结果刚刚攀山玩水走到一半，一个炸雷把他劈得外焦里嫩——王诸

葛大人又一次被宋军碾压了！这次连蜀国最后一道屏障剑门关都给丢了！

孟玄喆动若脱兔，以比来时快几倍的速度飞奔回了国都，刚刚为儿子倒过壮军酒的孟昶顿感不妙，慌忙问道："你怎么这么快就回来了？"

"爸爸，王昭远那老匹夫把剑门关丢了！"

孟昶双眼一黑，险些晕倒："天亡我大蜀啊！"

"爸爸，你先别急着晕，我还有个好消息要告诉你！"

孟昶诧异了："都到这个地步了，还能有好消息？"

"是的爸爸，幸亏你儿子我够机智，我把从剑门关到国都这一路上的粮草物资都给烧了，宋军见抢不到东西，也许自己就退了！"

孟昶两米长的大刀拔了出来，又收了回去，毕竟是自己的亲生儿子，实在不忍下手，可是，一口老血仍然差点喷出——你把军需物资全给烧了，让你老子我拿什么去抗击宋军？！生此脑瘫，天亡我蜀！天亡我蜀啊！

公元 965 年，宋乾德三年，蜀广政二十八年，正月初七，蜀国降表送入宋军主将王全斌中军大帐，王全斌从出征到平蜀，不过用了 66 天而已，全天下最富饶的地盘就此划入赵匡胤名下。

天，异常地阴郁，冷风阵阵，这年 3 月，后蜀末代皇帝孟昶在赵匡胤的要求下，离开了昔日风花雪月的成都，老百姓夹道相送，追随孟昶的船舸一路哭送 300 里，将满腔悲戚与不舍，泣作江水一去不返的蜀王滩。

后人有诗云：全家万里去朝天，白马千官更执鞭。痛哭国人怀旧德，蜀王滩下送归船。

孟昶身着素服，立于船头，远望故民，老泪纵横。执掌这片河山近 30 年，他还是第一次来到自己的东大门。只是自此一去，有生之年不知能否再归故土。

孟昶内心惶惶，对自己的未来不敢抱有奢望，虽然赵匡胤信誓旦旦，许诺与孟氏一族共享荣华，可帝王之语，又岂可轻信？大约 40 年前，前蜀后主王衍也曾得到李存勖的许诺，结果还不是被一纸皇命灭了门。

孟昶失魂落魄来到开封，出乎意料，竟然受封秦国公，这个待遇还不错，他本想与刘禅一样得过且过，乐不思蜀，奈何他没有刘禅那样的好福气。

赵匡胤早就听说孟昶宠妃花蕊夫人天香国色，艳名远播，才艺双绝，那还等什么，赶快召见啊，省得美人说我老赵不懂如何待客。

素衣花蕊，款款而来，赵匡胤看得眼珠子差点飞了出来，尝闻花蕊善诗，便请她献诗一首，花蕊轻启朱唇，如怨如诉：

君王城上竖降旗，妾在深宫哪得知？
四十万人齐解甲，并无一人是男儿。

武夫老赵哪见过这种才气与风情，当下便将花蕊留在宫中，与其促膝长谈。7日后，孟昶不知何故突然寿终正寝，赵匡胤不忍孟昶遗孀无人照顾，善心大发，将花蕊正式纳入后宫。

有人说，自从赵匡胤与花蕊金风玉露一相逢，便坠入温柔乡中，懈怠朝政。为了让老赵越发昏庸，孟昶注定要丢掉性命，这是赵光义的决定。听说开封府里那位程德玄，对药理甚是精通。

有人说，赵光义射杀花蕊，根本不是为了让哥哥以社稷为重，而是花蕊在立储问题上，与赵光义起了纷争。

孟昶死了，花蕊也死了，有关于此的是是非非，永远成了不解之谜，赵匡胤的心情想必也是非常沉重，做皇帝这件事，比他想象中难太多了！

我们四川人，绝不是好欺负的！

平定蜀国，赵匡胤一如既往地塑造人设：释放俘虏，开仓济民，给蜀中百姓减免租税，下调盐价，修葺蜀地帝王、名士的祠庙、坟墓。他的善后工作做得面面俱到，加之平蜀迅速，破坏较小，民心很快安定下来，川民们开始觉得，这个皇帝似乎也不错。

可惜，这种好感没维持多久，进驻蜀地的宋军就把川蜀民众的反抗热情点燃了。问题首先出在王全斌身上。

王全斌平蜀一战，名扬四海，但他并不高兴，相反，他此时顾虑重重。

他想起了白起、韩信、邓艾、钟会等老前辈，他觉得自己的呼吸越来越沉重，他现在正考虑的是，如何保全自己的性命。

他又想起了汉丞相萧何——要避祸，就贪墨。

王全斌有些犹豫不决，毕竟这一"贪"，政治前途也就跟着毁了，然而，当他看到皇上派来的心腹监军王仁赡时，他终于不再犹豫了——还有什么比命更重要？就这么干了！

从这天起，王全斌拉上王仁赡日夜笙歌，任凭手下夺财劫色，一概不问。反正皇上说了，他只要地盘，其他东西大家平分……

此时，赵匡胤坐在殿中，想起自己说过的话，心里就不踏实——王全斌、刘光义应该不会乱来吧？应该不会吧，这二位平时看着挺靠谱的，况且王仁赡、曹彬还在呢！

曹彬气炸了！王全斌的手下越来越无法无天，日夜滋事，奸淫掳掠，这样下去，蜀中百姓必反！可是，最有资格阻止王全斌的刘光义却坐在一旁吃瓜看热闹。

曹彬忍了又忍，实在无法再忍，跑进王全斌帅府，请其班师。王全斌喝得酩酊大醉，大手一挥："不回！"王仁赡则在一旁阴阳怪气："你刘光义的监军，还管到我凤州路的头上了？"

曹彬心说，爷也不想越俎代庖，可谁让你王仁赡占着茅坑不如厕呢？

事实上，用王仁赡做监军，赵匡胤也的确有他自己的小心思。川蜀地偏，山高皇帝远，赵匡胤也担心军中有人趁机搞割据政权。王仁赡这家伙有特务工作经验，称得上是赵匡胤的心腹密探，有这个背景在，军中大将都对他颇为忌惮，正是制衡将帅、约束军纪的不二人选。

然而，人算不如天算。

之前李处耘作为监军与慕容延钊平定"两南"，二人发生矛盾互相攻讦，老赵偏帮慕容有失公允，李处耘受罚被贬反而成了王仁赡的前车之鉴，他一改"大内密探"本色，不敢再对主帅行监管之职，甚至亲自加入了抄掠的滚滚人潮。

这不，此时王仁赡便盯上了一块看似可口的肥肉——原后蜀成都巡检使李廷珪。宋蜀交战时，李廷珪曾被委任为副帅，跟随脑瘫小王子孟玄喆援剑门、烧军资，这就算让王仁赡抓住小辫子了，一再表示要秋后算账。李廷珪急得像热锅上的蚂蚁，团团转，转着转着就转到了宋将康延泽的房里。

康延泽不愧是做过监军的人，非常明白王仁赡的想法，就给李廷珪指了条明路："王大人也不是非要针对你，就是最近手头有点紧，身上有点火，你设法帮他宽宽手、泻泻火，他身心一舒坦，就什么都忘了。"

然而，李廷珪虽然是个庸官，但他并不是个贪官，他自己日子都过得非常节俭，哪有余资去孝敬王大人呢？可是为了保住项上这颗人头，李廷珪只能厚着脸皮求遍亲朋好友，总算凑了些金银珠宝让四个姑娘代劳送到王大人房里，这事儿才算翻篇。

王仁赡抛砖引玉，宋朝驻蜀官员们纷纷效仿，原蜀国官员中渐渐兴起

了这样一条潜规则——要保命送银子、送姑娘，于是大家抢着送礼，破财免灾，赵匡胤处心积虑架起的人设就让他的手下这样给玩坏了。

眼看要坏事，赵匡胤火速派出除赵普外朝中最有能力的一批官员赶赴蜀地，让他们担任知府、知州、通判，拯救危局，希望他们能够把失去的民心重新夺回来。

按理说，王全斌犯了这么大错误，赵匡胤应该停他的职，命他回京反省，但事实上，赵匡胤又不得不把他留在成都。

一方面，蜀地的局势已经开始动荡不安，要保证蜀地安定，伐蜀部队就不得不留在当地继续震慑，而要保证部队稳定，主将就不能随意更换。

另一方面，王全斌心知自己犯下大错，必然深恐皇上翻脸，这个时候令其停职回朝，万一他铤而走险了呢？就算他忠心耿耿，可他手下的人为了免罪，难道就不能再来一出黄袍加身？

因而，派去蜀地主导政治工作的这个人非常重要，他不仅要有雷霆手段，迅速拨乱反正，同时要有足够的能力恰当处理与王全斌等军队大佬的关系。换而言之，他既要从军队手中夺回蜀地管制权，又不能过度刺激王全斌等人，这事儿，很难办！思来想去，赵匡胤觉得除了赵普，只有宰相助理吕馀庆堪当大任。

吕馀庆空降成都府，惊出了王全斌一身白毛汗，他知道自己这次把事情搞大了，自污保命也要有个限度，太污了照样没命。王全斌庆幸自己的脑袋还在，想着不如称病回京面圣，离开这块是非之地，同时去给皇上唱一出苦情戏，皇上是个念旧情的人，应该能给自己留条活路。可手下人告诉他——"你要是自己跑回去了，那可就是擅离职守了！"这也太折磨人了！

这厢，赵匡胤为防止蜀兵暴乱，下令将原蜀国将士全部调往开封，并补偿给每位士兵一笔可观的"搬迁费"，王全斌不知道是怎么理解圣意的，竟然认为这是皇上给兄弟们的犒赏，于是又给私自克扣了，并且放纵手下虐待俘虏。

川蜀男儿的血性被彻底激发出来，降兵们走到绵州，终于反了，拉住原文州刺史全师雄非要他当主帅。谁让你名字起得这么威武霸气呢，全师雄壮，你不当谁当。

全师雄本来真的没有造反之心，这哥们美滋滋地一心想前往开封领赏，去更高的平台谋求更大的发展，没想到一时不慎就成了造反领袖，正当他想方设法准备脱身的时候，家中传来噩耗——你全家都让宋军杀了，你闺女也让人不文明了……

无耻！下流！禽兽！——全师雄嘶声怒吼，怒发冲冠。

这位无耻下流的禽兽叫朱光绪，是王全斌的小兄弟，王全斌原本派他去招安叛军，可他看全师雄的闺女长得周正，非要不文明，人家不从，他就杀人全家，然后继续不文明。

悲愤到无以复加的全师雄真的反了，他振臂一呼，全蜀愤怒，十万军民齐暴动，川蜀男儿共复仇，星星之火瞬间成了烈焰燎原。

王全斌被川蜀军民熊熊的复仇怒火包围着，他被烧昏了头，采用了最简单粗暴的震慑方式——杀人！杀叛军吗？不，叛军他一时杀不了，于是他决定杀成都的降兵。2,700名投降川军，顷刻间化为冤魂，他们甚至干出割掉民妻胸部的勾当！王全斌军团彻底沦为了一群禽兽！也因为他们的禽兽行径，造反的蜀人拼死抵抗，死也不降。

赵匡胤不得不再派重兵入蜀，支援王全斌，镇压造反军民，同时，立刻开启危机公关。

在接下来的两年里，赵匡胤公开处理了一众犯错的宋军将领，该诛杀的诛杀，该降职的降职，王全斌被贬，死前方得复职。同时，赵匡胤三次降旨封赏原蜀国官僚将士，七次下诏减免蜀地赋税，但亡羊补牢，为时已晚，宋朝在蜀中人民心目中的形象永远带着抹不去的污点。

虽然两年后，叛军全部剿清，军事要地，赵匡胤到手了，十几年都用不完的财富，赵匡胤也到手了，但蜀人的心，却随着孟昶的死，王全斌的错，赵匡胤有生之年也无法到手了。而蜀人又将这份仇恨暗中酝酿了整整30年，30年后，他们掀起了一场更大的暴乱。

南边那个汉，皇帝很荒诞

平定后蜀之乱，大宋的国力又得到了新一轮的膨胀，隐隐间已经有了睥睨天下的王霸之气。赵匡胤得蜀望江山，将下一个军事目标对准了北汉。

北汉这些年受尽了夹板气：一方面赵匡胤对他虎视眈眈，时时要以重兵防范；一方面辽叔总来支钱，从来不还。北汉第三任国主刘继恩在这种又惊又吓又憋屈的生活氛围之中，活生生就把自己憋屈死了。

赵匡胤得到消息，一拍大腿：机会来了！于是点齐兵马，趁北汉皇权交接政局动乱之际，果断杀了过去。

本来宋朝君臣都觉得，现在的北汉就是小菜一碟，想吃他简直不要太容易了，毕竟彼此如今的差距在那摆着呢。谁承想，北汉竟然在他辽叔的帮助下，又一次硬扛了过去，赵匡胤又气又着急，但也拿人家没有办法。

踢到铁板的赵匡胤没有裹步不前，停止军事扩张的步伐，北边不亮南边亮，既然北方不好打，咱们就先打南方嘛。要知道，南边那个"汉"，皇帝很淫乱。

南汉此时的皇帝叫刘鋹，刘鋹刚继位的时候挺正经，皇帝做得有模有样，但可能是当皇帝太快活了，玩物丧志，就变得越来越不正经了。

他的不正经除了男女关系极度混乱以外，还在于他对下属的看法，他觉得有老婆的人一定会儿女情长，无法对自己百分百忠心，所以大量重用宦官。后来他觉得这样还不够保险，又下了一道奇葩的死命令——凡中进士者，欲要做官，必先自宫。窃以为，他是不是觉得，每少一个男人，自己就少一个竞争者？其用心险恶啊！

不过，虽然刘鋹的命令很不正经，但南汉的那些读书人似乎更不正经，在高官厚禄的诱惑下，他们连男人的尊严都不要了，纷纷挥刀自残，以求皇上给自己一个好前程。于是，南汉满朝文武，成了清一色的自残者，鼎盛时期，宦官达到两万多人！

不仅如此，他还听信宦官们的谗言，把自己的弟弟全部杀死。朝中那些不愿自残，而且敢于和宦官对抗的能臣良将，也被他一一杀掉。

你说这个国家，跟谁对抗，他还能阳刚得起来？

后来，大概是刘鋹"满朝就我一个男人"的目的达到了，索性把国家往女巫樊胡子手里一交，自己到处寻花问柳，纵情声色去了！

彼时的南汉，那叫一个群情激奋、民怨沸腾，大家都觉得皇帝要是这么搞下去，恐怕用不了多久，全国都没有一个正常男人了！

现在，赵匡胤要打南汉，这不就是为民除害吗？别的不说，道德高点已经占据了，师出有名。不过，赵匡胤在开打之前，做出了一个别有深意的举动，他问此时的南唐国主李煜："刘鋹那家伙太邪恶了，你看这国家让他整的，老百姓水深火热，我作为你们的大哥，想去解救一下受苦受难的南汉群众，从嘉你支持不支持啊？"

李煜当时就吓出一身白毛汗——大哥！你是想把"假途灭虢"的场景再重演一次吗？你现在和南汉都接壤了，想打直接过去打啊，你要从我江南借道去两广，那可就太说不过去了吧？但李煜敢这样质疑赵匡胤吗？他当然不敢，思来想去，李煜决定以不变应万变，他说："皇上，你做什么事，我南唐都支持！"

赵匡胤笑了："这样，你也知道哥哥我是个软心肠，我要直接打南汉，肯定会造成生灵涂炭，哥哥我于心不忍啊！从嘉你文笔好，你给刘鋹写封信，劝他停止罪恶，主动归顺吧。"

李煜心下了然，这老赵是怕我趁他出兵搞小动作，和南汉凑在一起

对他不利，故意让我去当这个坏人，我这信一写，不就和南汉撕破脸了吗？但是不写行吗？搞不好他调转枪头先打我！罢了！罢了！死道友不死贫道！

于是李煜给刘鋹送去了一封文采斐然的劝降信——弟弟，你一天到晚不干好事，惹祸了吧，赶紧投降，留条小命。

刘鋹见信果然勃然大怒："李从嘉你算老几？敢打扰你刘爷我延绵国祚，断交！赵匡胤！你也太小看我大汉帝国了吧，你知道我们有多少毫无后顾之忧的忠义人士吗？来吧，生死我已看淡，你找事咱就干！"

怒火滔天的刘鋹向南汉高级将领们下达最高指示："亲爱的南汉全体将领们，拿出你们的神勇，给我一口气打到开封，阉了他们！"

南汉的高级将领们斗志昂扬，纷纷表态："哎哟皇上，快消消气，消消气，可别把身子骨气坏了，心疼死咱家了。您就把心放肚子里吧，咱家这就替您去教训赵匡胤那个臭男人，定然让他知道咱们姐妹的厉害！"于是南汉的高级将领们就款款而行地去了。

俗话说兵软软一个，将软软一窝，结果还用多说吗？

这时刘鋹真慌了："快，找几个能打的去迎敌！"

"哎哟皇上，哪还有能打的，能打的不肯表忠心，都让您给杀了！"

"那快喊我的兄弟们过来，共保祖宗留下来的江山！"

"皇上，您的兄弟也没了，您忘了吗？您下的旨，一个没留！"

事到如今，别无他法，刘鋹只能祭出大招——他开始自我催眠：赵匡胤是个讲究的人，是个仁慈的人，是个脱离了权力欲望的人，他不忍心生灵涂炭，所以不会血洗我南汉，他只是个强迫症患者，他觉得自己湖南那块地盘不够完整，想把我手里湖南的几个州接管过去，阿弥陀佛么么哒，到手他就回去啦！

事实证明，刘鋹太天真了，赵匡胤这个强迫症患者，版图上缺少的可不止湖南那几个州，他觉得必须把南汉一并补进来，看着才舒服嘛！

刘鋹绝望了……

绝望之下，刘鋹找来十几艘船，装满金银财宝和美女，准备扬帆入海，寻一个远离战火的地方，再建立一个专属于自己的国度，继续逍遥快活。结果，帆还没扬起来呢，船就被那些以自残宣誓忠心的官员们偷走自用去了。刘鋹走投无路，只好投降，南汉灭亡。

赵匡胤在开封接见了刘鋹，问他："嘿，哥们儿，说说，你为啥亡国？"

刘鋹立马甩锅："皇上你说我当初是君吗？我都没权，我算什么君，我只是个臣。权都在龚澄枢他们手里呢，他们才是君。"换而言之，坏事都是他们干的，与我无关！这作风，简直让人无法直视。

后来赵光义要伐北汉，宴请潘美等远征将领，刘鋹与一些已降宋的小国主都在场，席间他突然跳出来说："陛下，大宋威武雄壮，皇上宽厚仁慈，我们几个僭越之主有幸成了大宋的座上宾，简直受宠若惊。现在陛下要御驾亲征，刘继元那小子一定手到擒来。臣在这帮人里是第一个归顺我大宋的，恳请陛下在凯旋之时，允许我手执梃杖作仪卫前导，在各国归降君王中做个老大！"

这马屁拍的，赵光义顿时心花怒放，对刘鋹大加赏赐。论无耻，刘鋹也真是无耻出了境界。

然而，就是凭着巧言令色和厚颜无耻，刘鋹得以一直没心没肺地活着，一直活到死，死后还被追封为南越王，对比国仇家恨的李煜，简直好太多了。

大哥，李煜认怂，别打了中不中？

拿下南汉，赵匡胤的心情倍爽，大宋目前的形势一片大好：

北汉虽然有辽国做靠山，但是辽主是不会无偿为北汉提供服务的，眼见他们一边勒紧腰带养军队，一边还要孝敬他们的大辽叔叔，完全入不敷出，估计是秋后的蚂蚱，蹦跶不了几天了。

辽国倒是个硬茬子，不过前一段时间过来挑衅，不还是被我们英勇的大宋将士打老实了？他们不但没有再炸毛，相反还主动建交，耶律兄弟啊，早知如此，何必当初呢？

浙江的钱弘俶，哈哈，这家伙早就是我赵匡胤的人了！

现在放眼天下，唯我……哦，差点忘了，江南还有一个"小李唐"。

那么，面对这种形势，李煜会怎么应对呢？李煜想了想，决定——我要再接再厉，将认怂修炼到一种没脸没皮的境地！

其实，南唐这些年来一直在认怂。李璟时，他们对柴荣认怂，柴荣让李璟往东，李璟绝对不敢往西，柴荣让李璟打狗，李璟绝对不敢撵鸡。

到了李煜，则更是将他爹的认怂主义坚持到底，不但大宋说啥就是啥，还坚定不移地对国内主战派进行打压。

公元 972 年，李煜下令："打今个起，南唐各大部委全部改为厅级编制，各级干部全部降级使用。"

群臣一脸蒙圈：为什么啊？！

李煜微微一笑，"因为赵大哥的宋朝是部委编制，咱们做小弟的，怎么能与大哥平起平坐呢？我自己都降为省部级了，你们当然要跟着降了，难道你们还想与我平起平坐不成？"

大概李煜认为：三十六计，怂为上计！我都怂成这样了，你们还好意思打我吗？

然而，李煜也天真了。现在的大宋搞侵略，已经根本不屑再找什么借口了，以前南征北伐总要费尽心思让自己师出有名，那是做给别人看的，是为了让那些还没被灭掉的国家以为大宋不会乱来，因而麻痹大意，接着再温水煮青蛙。

但现在除了务必除之而后快的死对头北汉，就剩南唐了，赵匡胤还要演戏给谁看？于是直接向李煜发出了来自地狱的召唤："从嘉，哥哥要祭天，你来，咱俩一起去呗。"

李煜彻底懵了："大哥！我腰软腿软易推倒，你还不满意吗？大哥，你祭天缺钱你就说个话，弟弟我这就给你打钱过去。那啥，祭天我就不去了，你弟妹最近身体不舒服……"

赵匡胤又劝："弟妹不舒服，你正好带她一起来啊，我这边有全国最好的医生，你快来，我等你，赶紧的！"

李煜看推脱不掉，索性也不找借口了："小弟我对你不够好吗？你还想让我咋样啊？反正正是不可能去的，你想弄死我直接弄死得了！"

赵匡胤痛心疾首："从嘉你怎么就不识好歹呢？不过哥哥我也不和你一般见识，你看你向我提这么过分的要求，我都会如你所愿。"于是调集大军，征讨南唐。而浙江的钱弘俶也应声而起，与赵匡胤遥相呼应，对李煜进行两面夹击。

李煜不停地上书认怂、解释、求饶，但赵匡胤完全不看、不批、不回复，反正南唐这块肉，赵匡胤他是吃定了。

李煜眼见认怂无效，转过头去挑拨钱弘俶："虎子，你人如其名，真虎啊！我南唐没了，你吴越能好吗？没事多看看书，有个成语叫唇亡齿寒！"

钱弘俶哈哈一笑："你才虎呢，你全家都虎！我爹从小就告诉我，不争

锋不露头，跟着大哥级的人物走，才能保证性命无忧。实话告诉你吧，我早是大宋的人了，皇上说了，灭了你南唐，保我吴越无忧！李煜你就别挑拨了，快省点力气写你的小艳词吧！"

插段后话。事实证明，钱弘俶这步棋真走对了。在征讨南唐的过程中，赵匡胤对钱弘俶的表现非常满意，于是依旧让他做吴越国王，兼职天下兵马大元帅。赵匡胤一直到死，也没有再打吴越国的主意，钱弘俶和他的臣民们得以安稳地守着自己的国家，过着富饶的小日子。

赵光义不如他哥哥大气，所以赵光义登基以后，钱弘俶眼见情况不对，主动纳土归宋，因为没有消耗赵光义一兵一卒，因此待遇极好，先后被赵光义册封为淮海国王、汉南国王、南阳国王、许王、邓王。他的子孙也开枝散叶，不但个个官居高位，而且还与赵家结成了亲家。

成书于宋朝时期的《百家姓》，开头就是"赵钱孙李"，赵，自然是指宋朝皇帝赵氏、钱，就是吴越钱氏。钱姓能排在赵姓之后位居全国第二，可见其地位之高。我们翻遍中国历史，恐怕也找不出第二个比钱弘俶结局更好的亡国之君了。

书归正传，李煜挑拨无果，打又打不过，忙召集群臣开会，希望集众人之智商，研究出一个完美的退敌方案。

众人凑在一起，思来想去，都觉得以目前状况来看，自己的国家只在一个方面占据优势，那就是比大宋有文化！那么咱们能不能来个避敌锋芒，扬己所长，出其不意，出奇制胜呢？换而言之，咱们打不过他们，但咱们可以用知识碾压他们啊！

知识就是力量！就这么决定了！

于是南唐派出李煜之外最有文化的人出使宋朝，这个人叫徐铉，知识渊博，学富五车，善打嘴仗，精于抬杠，大家希望他可以把赵匡胤怼得哑口无言，良心发现，知错就改，主动退兵。

徐铉来到宋朝，口吐莲花，妙语连珠，口若悬河，滔滔不绝，大意是说：我们南唐把你们大宋当爸爸一样孝敬，你们怎么能翻脸不认人呢？你说，你们这样做仗义吗？从古至今，你们听说过爸爸抢儿子地盘的吗？就连野蛮的契丹人都没好意思这么干，你说，你们还有品吗？我家国主每天就写写词，礼礼佛，他就想在大宋的关照下当个快乐的江南宅男，你说，他有错吗？你们这么做，你们的良心不会痛吗？……

徐铉舌尖嘴快，满舌生花，慷慨激昂，说了一堆。赵匡胤一声不吭地听完了，然后幽幽地反问了一句："你们夫妻睡觉的时候，床下边躺个人打呼噜你愿意吗？"一句话顶得徐铉哑口无言。

徐铉一脸郁闷地回到南唐，李煜发现知识这么强大的力量都不好使，也是有点绝望了。但下属告诉他，国主，你尽管快乐地玩耍吧，一切有我们呢！一切尽在我们掌握之中！乃至宋军都打到家门口了，李煜还以为一切尽在掌握之中……南唐如果这样还不亡，那胡亥、杨广等人怕是要集体踹棺材板子了！

赵匡胤翻脸无情地吞掉了南唐，从他陈桥驿兵变黄袍加身到如今初步统一天下，已然过了10余年，一个新的王朝呼之欲出。对于百姓来说，他们终于可以逃离乱世征伐的水深火热了，但他们或许想不到，自己迎来的将是一个"有钱任性"的盛世。

大宋老牙医，专治各种不服气

华夏封建王朝延绵几千年，出了几百个帝王，可以说不管英明还是昏庸，每个皇帝都有自己的特色，赵匡胤当然也不例外。老赵最让人津津乐道的，大概就是他的武力值爆表，一套"太祖长拳"不知道撂倒了多少英雄好汉，恐怕要论单挑的话，帝王群里应该没有人是他的对手。

老赵当上皇帝以后，再骑着马去跟人打架，就太掉价了，但作为一个

武人，长时间不活动，他浑身都痒痒，浑身痒痒怎么办呢？老赵命人造了一把小玉斧，贴身带着，没事就拿出来抡几下，另外他还做了一把精致的小弹弓，看哪个鸟不顺眼了，就给它一下子，就是不知道那些鸟中有没有国家级保护动物。

这天，老赵又在皇家后花园打鸟，玩得正嗨呢，御史张蔼匆匆求见，说有军国大事要禀报，必须请圣上亲自定夺，老赵一听，立即停止玩耍，正襟危坐，侧耳倾听。

听着听着，老赵这脸色就变了，而且越变越难看，不是因为情况十分严重，而是因为张蔼说的都是一些鸡毛蒜皮的小事，比如将官甲和将官乙因为抢女朋友吵架了、开封府有个小姐姐拾金不昧等等，大体就是这种程度的事情。老赵看着张蔼仍在那旁若无人地滔滔不绝，实在是压不住脾气，大声骂道："你神经病啊！这就是你说的军国大事？！"

张蔼虚着眼睛反问老赵："皇上，这还不叫大事吗？跟打鸟比，这事可太大了！"

老赵被怼得心头火起，你这家伙戏弄我，不认错还抬杠，你是杠精转世吗？老赵越想越气，顺手拿起随身携带的小斧子，瞄准张蔼辩口利辞的嘴，"嗖"的一声就飞了过去。

老赵不愧是武将出身，这一飞斧的力度、角度、准确度都把握得恰到好处，张蔼瞬间变成香肠嘴，两颗门牙无情地离开了牙床。

还没等老赵说话，满口鲜血的张蔼一声不吭地捡起门牙，转身就走。

还敢给我甩脸子？不服气是咋地？老赵大吼一声："你，站住！你捡门牙想干啥？还想保留证据告我是不是？"

张蔼不卑不亢，转身行了个礼："当臣子的哪敢告皇上，不过自然会有史官记录下来。"那意思，皇上你打自己的鸟，让后人说去吧。

赵匡胤是彻底被张蔼整没脾气了，冷静下来想想，张蔼的动机是纯粹而美好的，说的话也确实在理，心中不禁有些惭愧，赶紧拿出些钱财赔偿人家，并且好言安抚："这事儿，咱俩知道就行了……"

结果，这事儿成了典故，就是我们常说的"打碎牙和血吞"。

还有一次，大宋最高法一把手（大理寺卿）雷德骧叽叽歪歪地找老赵告状，这个级别的告状，那被告人肯定也是大有来头，没错，雷德骧告的正是大宋当朝宰相赵普。

雷德骧急扯白脸地说了一大通，老赵才听明白，原来雷德骧的下属们为了巴结赵普，在与赵普有关的一些案件上搞小动作，私相授受，完全当他这个一把手不存在。

这事儿，我雷德骧能忍吗？不能忍！我雷德骧也是有身份要面子的人，你不给我面子，我就要你好看！雷德骧豁出一身剐，誓要把宰相拉下马，他像小媳妇似的在老赵面前哭得梨花带雨，痛苦控诉赵普的种种邪恶行径，请求老赵为他做主，严惩赵普，以正大宋之风尚。

老赵一边听，一边点头，心说赵普这家伙确实有点过了，但他也不可能因为这点事就把自己的左膀右臂给卸了，于是和起稀泥，好言安慰雷德骧："这事儿确实怪赵普，爱卿你放心，等回头我定然臭骂他一顿，给你好好出口恶气！"

雷德骧一听，哭得更厉害了，我老雷的面子和眼泪就值几句骂吗？于是皇上的面子也不给，拿出证据，实锤赵普强买他人房屋、收受贿赂等犯罪事实，非要和赵普鱼死网破。

老赵见雷德骧这么不懂事儿，有些动怒了，骂道："煮锅都有耳朵，你耳朵让锅煮了吗？赵普他是社稷重臣，听懂了没？"这话说得很明显了，现在国家需要赵普，赵普不能动，你小子懂点事行不。

然而，雷德骧非常倔强，仍不住嘴，老赵又是一斧子拍在嘴上，顿时两颗门牙又掉落下来，这一下拍完，老赵非但没有消气，反而更加火大，叫人把雷德骧立即拖出去砍了。

不过，怒火中烧的老赵很快就冷静了下来，心知自己这样处置重臣太过草率，当即收回成命刀下留人，但仍以"私闯宫禁"之罪将雷德骧贬官处置，以儆效尤。

　　经此两事，老赵喜欢用斧子免费给人拔牙的名声算是传了出去，大臣们也都学聪明了，谁也不会再和他硬杠，给他施展手艺的机会，闲得老赵手直痒痒，没事就拿着小斧子凿地，凿着凿着就凿出了个千古疑案——"烛影斧声"。

浑身上下都是戏，赵光义步步惊心锄异己

是听天由命，等待哥哥的安排？还是奋力一搏，争取自己的未来？貌似，除了等待，赵光义毫无办法。然而，你别忘了，赵光义的幕府中什么人都有，比如皇宫内院的眼线，比如精通毒术的医生……

……

我，隐皇储，对你表示不服

南唐征伐结束后，大宋朝野上下都非常开心，群臣似乎已经看到了一个大一统王朝的到来，这意味着，以后大家不仅能够享受更高规格的荣华富贵，而且混个流芳千古、名垂青史之类的大牌坊，也是极有可能的事情。

甚至，就连李煜、高继冲、刘鋹这些人心中也都有些小侥幸——赵匡胤这个人还算讲究，将来这哥们至尊天下，咱也不会比当国主的时候待遇差太多，就这样当个逍遥王侯也未尝不可。

只有一个人，心中不太舒服，这个人就是晋王赵光义。

赵光义心中的不舒服，源于他所处位置的特殊，他是大宋的"隐皇储"。

所谓"隐皇储"，并不是说像清朝皇帝那样，把自己选定的接班人名字写下来放到牌匾后面隐藏起来，而是五代十国独有的一种特殊玩法。

在五代十国，有一个非常奇葩的现象，大家都不愿意立储君，大家也都不愿意被立为储君，这是为什么呢？

我们先来看看，整个五代十国，被正式立为储君的都有谁。

其实一目了然：前蜀王宗懿、前蜀王宗衍、后蜀孟昶，南唐李璟、南唐李弘冀、南唐李煜。

不需要省略号，统共就这六位，而且蜀地占了仨，南唐占了仨，而主流政权后梁、后唐、后汉、后周，一个都没有。要知道，那可是五代十国啊，皇帝不打招呼说死就死，政权更替应接不暇，但正经八百做过储君的就这六位。

在这个乱到家的乱世，皇帝都不知道自己有今天有没有明天，他们不立储君，难道就不怕自己哪天突然没了，活着的人为了抢皇位震荡朝堂吗？

其实啊，他们立不立都一样，在五代十国，仁义道德都是稀缺货，顾及亲情伦理的人也不多，一旦涉及性命和权利，父子兄弟谁都不认识谁，大家只认拳头，谁的拳头硬，皇位就是谁的。

这种情况下，立一个储君，对皇帝本人而言，基本相当于自己给自己树立一个政敌，都不用细琢磨，肯定会有一些别有用心的大臣向储君靠拢，如果这帮人急不可耐，那可是什么事情都干得出来的。

而对于储君来说，他也是很郁闷的，自被立为储君开始，他就成了朝中所有野心家的针对对象，更郁闷的是，连皇帝也会时时处处防着他。储君，可以说只是得到了一个继承人的名号而已，政治风险却瞬间变大很多。

立个储君，皇帝不爽，皇储也不爽，得了，那索性就不立了！可是，不立储君，万一皇帝哪次御驾亲征，死在征途中，自己辛辛苦苦抢来的江山难道要拱手让人？五代十国的皇帝们灵机一闪，竟发明了一个新玩法，就是"隐皇储"。

举例说明一下，皇帝中意某个人接班，但不正式官宣，而是加封他为亲王，并兼任首都最高长官，让他凌驾于群臣之上。

这样一来，该人没有接班人的正式名分，皇帝只要一天不死，就随时可调可换，见风使舵的大臣们只能处于观望状态，可以在一定程度上限制政治抱团，威胁皇权，也免得大家心急火燎地搞暗杀。

但如果皇帝哪天没打招呼就为国捐躯了，这个隐皇储有职权、有地位，大家也都知道他是内定的接班人，所以出了事能够在第一时间坐镇中央，掌控局势，保证皇家的绝对统治。

这个方法一经问世，大家就齐声叫好，都觉得它很科学，于是纷纷效仿，一直沿用，以至后来宋真宗赵恒被立为太子时，举国上下无比欢

腾——太子这东西都近百年未见了啊！走，看看去，同去，同去。

赵光义同志，现在扮演的就是这个隐皇储的角色。

赵匡胤陈桥驿兵变的时候，他的长子赵德昭才9岁，次子赵德芳1岁，幼弟赵廷美13岁，只有21岁的赵光义是成年人，根本不用考虑，为预防自己出意外设置的隐皇储只能是赵光义。

所以从建宋时起，赵匡胤就一直在刻意扶植自己这个弟弟，先让他做殿前都虞候、睦州防御使、泰宁军节度使，一步步升迁，随着国家的一步步壮大，赵光义的一步步成长，又封他为开封府尹，兼中书令，晋王爵位，凌驾群臣之上。

客观地讲，立国之初，狼烟乱世，子女年幼，赵匡胤的这个做法很合理。但随着大一统的局面出现，这个隐皇储还有没有必要保留，皇位究竟是传给弟弟还是传给自己的儿子，赵匡胤就不得不重新考虑了。

虽然弟弟是自己一手扶植起来的，虽然母亲一再要求自己死后传位给弟弟，但是这一切都是建立在不能威胁皇权的基础上的，如果他赵光义心怀鬼胎，也是没有情面可讲的！

如今，自己的儿子赵德昭也已经20多了，之前顾及赵光义的感受，一直压制着他的成长，将他放在不起眼的职位上，现在也该让他历练一下了，到底儿子够不够压住晋王成为真正的储君，赵匡胤想必也是非常担心，毕竟有时就连他自己，对晋王也无法做到绝对压制。比如前不久发生的那件事。

把时间往回拉一点，公元972年，赵匡胤秣马厉兵准备平南唐，这时三司负责人跑来了："皇上，您可不能再继续练兵了！"

赵匡胤非常诧异，我养这么多军队，准备一统天下，你们不让我练兵，几个意思？

三司负责人则表示，我们阻止您练兵当然是有原因的，因为京城要断粮了，没粮您拿什么打仗，打不了仗还练兵干什么，所以您还是别练了，让这些兵卸甲种田才是正事。

赵匡胤当时就暴怒了，差点用小斧子当场劈了三司负责人——我把大宋的后勤交给你们，你们就给我经营成这样？你们对得起我的信任吗？

三司负责人据理力争："皇上这不怪您吗？您把国家管理得国泰民安，大家生活好了，都努力生孩子，现在京城人口越来越多，粮食不够吃，只能从外地调粮，然而漕运效率又跟不上，我们也没有办法啊！"

眼看赵匡胤气得就要动手了，这时赵光义挺身而出做好人："大哥请息怒，其实这事儿也不全怪他们，主要是官方收粮价太低，从南方运米没啥利润，所以漕运这帮人也不愿意干吗，效率自然上不来。不如这样，以后您把漕运交给我，我保证把问题都解决了，您看怎么样？"

话都说到这个份上，赵匡胤还能说什么，只好点头答应。

赵光义一石二鸟，既抓住了运输大权，财政肥差，又给三司众官员卖了一个人情，这一局，哥哥略逊弟弟一筹。

事实上，赵光义为自己拉拢人心早已不是一天两天，自从成为晋王、确定"隐皇储"身份以后，他就开始努力培植自己的势力，其幕府成员就多达60余人，开封黑白两道几乎全是他的部曲。

赵光义甚至还把触手伸到了皇宫内殿，他将赵匡胤贴身宦官王继恩的父母接到开封，给他们建造豪宅居住，并对王继恩说："你每天服侍皇上，这是天大的功劳，只要你把我大哥照顾好，就相当于给苍生造福了。我把你父母接过来，让你可以尽孝，算是替黎民百姓谢谢你。"

然而，事情真的这么简单吗？王继恩这个人物其实非常重要，他在赵光义登基的过程中将会发挥不可替代的作用，这是后话，我们先说当下。

当下的赵光义可以说如日中天，但终究无法只手遮天，朝中总有"刁臣"和他作对，比如赵普那老头，一力主张恢复嫡长子继承制，两个人因此矛盾不断，不过最后赵普自己作死，自己把自己斗出了京城。

赵普作为见证赵匡胤兄弟起家过程的权贵，虽然越来越膨胀，越来越胡作非为，但他政治觉悟很高，坚决站队赵匡胤，始终处处维护皇权，所以尽管他做了不少违法乱纪的事情，但赵匡胤仍然愿意睁一只眼闭一只眼

地纵容他。

结果，赵普恃宠更娇，嘚瑟过头了，私自与枢密使李崇矩定下婚约，准备让自己的儿子娶李崇矩的闺女。

枢密使是干什么的呢？可以调动禁军、掌管天下军权，简直就是"武宰相"。文官与武官的老大要结亲，政权与军权要联姻，这意味着什么？这是想把皇权架空的节奏吗？赵匡胤雷霆大怒，当即将赵普贬放到地方，担任河阳三城节度使。

赵普表示：我一定会回来的！

随着赵普的失势，朝中唯一可以与赵光义抗衡的势力也消失了。这意味着，除赵匡胤之外，赵光义已经只手遮天，一家独大了！

然而，明面上的反对力量虽然消失了，但赵光义仍然惶恐不安，患得患失，因为，那些开国将领都是赵匡胤的过命兄弟，现在仍然紧紧团结在他的周围，若是不能取得这些人的支持，就算赵光义在朝中势力盘根错节，哥哥若铁了心要将他连根拔起，在军队的强力支持下，也是可以简单粗暴完成的。

那么，老赵会对自己的弟弟简单粗暴吗？

你想迁都？你倒是迁啊！

时间来到公元 976 年，赵匡胤决定去洛阳巡视。以往，赵匡胤离开京城都会让赵光义留守，以防意外，这一次却叫他同去，事出反常，隐皇储的地位貌似已隐隐不稳。其实宫廷大内也早已传出风声，说皇上有迁都洛阳的想法。

赵匡胤给出的出巡理由也很充分：

第一，我要去祭拜自己的父亲。哥哥带着弟弟去祭拜爸爸，天经地义，谁敢阻拦？也没有阻拦的理由。

第二，我要去洛阳祭天。洛阳是赵匡胤出生的地方，封建的说法，那叫龙兴之地，赵匡胤发达之后衣锦还乡，也是理所当然，难道我一个皇帝抬举一下自己的出生地还有问题吗？

按理说，理由这么正当应该不会有人反对了吧，但还真有！有个叫李符的起居郎，芝麻大的小官，挺身而出叫板皇上，一口气给出了八大反对理由，坚定地认为巡视这事儿不行，皇上你不要任性。

赵匡胤没搭理他，矢志不移地执行自己的想法。

来到洛阳，重游故地，眼见春暖花开，一片繁荣，赵匡胤心情大好，终于抛出了那个震惊朝野的议题——我要迁都洛阳！

那么问题来了，洛阳真的比开封更适合做都城吗？

按当时的情况来讲，洛阳有邙山、洛水，自古便是要塞，易守难攻，因而成就了十三朝古都，而开封是四战之地，几乎无险可守，北方游牧民族的威胁是实实在在存在的。

单从这一点上说，洛阳比开封适合做都城。

但是，如果从当时的交通运输、粮食供应、经济潜力来讲，洛阳比不上开封，在刚刚立国，百废待兴的情况下，开封确实比洛阳更适合立都，赵匡胤不可能不知道这一点，那他为什么执意要迁都呢？

很可能是为了避开赵光义的势力范围。

赵光义在开封府尹的位置上经营多年，将人事权、财政权、公检法抓了个遍，据说当时开封城的百姓都不怕皇上而怕晋王。

史料记载，赵匡胤的心腹党进当时负责巡视京师，这人有点憨直，看见百姓喂鸟养鹰，就强行将人家的宠物放走，还斥骂："有钱不知道买肉孝敬父母，反而喂禽兽，你还是不是人！"

有次他又在街上看到有人养鹰，刚想放鹰骂人，对方豪横地表示："你可看好了！这是晋王的鹰！"党进连忙转变口风，那叫一个和颜悦色："你

们可要伺候好它啊，千万别让晋王的鹰受伤了。"说完，他还自己掏腰包，让随从去买肉喂养晋王的宠物。

可见，当时晋王在人们眼中是多么威武霸气不好惹，党进是谁？那可是憨起来连皇上都敢怼的主儿！

赵匡胤应该也意识到自己这弟弟权势大得有点过分了，五代前车之鉴不远，自己要是想让儿子接班，能不能压住赵光义是个难题，甚至自己这皇帝能不能寿终正寝都两说！这些事情，如果说赵匡胤从不担心，那是不可能的。但是，担心又能怎样？处置赵光义没有理由也下不去手，不处置的结果大概率就是皇权旁落，两全其美的办法就是迁都，让政治中心远离赵光义势力盘根错节的地方，那么赵光义的问题就不再是个问题了。

另一个原因，当时的洛阳军政长官，是皇子赵德芳的岳父，也就是说，如果迁都事成，赵匡胤不仅可以摆脱弟弟的势力钳制，还可以间接扶持自己的儿子，完全按自己的意愿进行皇权传承。

然而，迁都意向一经提出，立即遭到了群臣反对，这很好理解，文武百官包括禁军的家庭，大多落户在开封，迁都损害了大多数人的利益。但赵匡胤意志也是非常坚定——反正老子都到洛阳来了，而且就是不走了，你们还想以下犯上不成？！

众人见皇上发怒，也不敢多说什么了，反正搬迁也有补偿的。

要说这时最焦虑的肯定是赵光义，迁都这事儿一旦敲定，那么他在开封十几年的辛苦经营势必要全部泡汤，开封府尹不再是首都最高长官，隐皇储的事儿自然也就凉了。但是，他依然没有亲自出面反对。

不过，他不站出来，却有别人顶风而上，这个人叫李怀忠。老李表示，依靠汴河的漕运，南粮北调，国家得以在开封养兵数十万，要是迁都，粮食问题怎么解决？洛阳周围的粮食产量养活一个洛阳城都费劲，难道咱们还要再凿一条运河吗？皇上你是不是想学隋炀帝？

老李说得口吐莲花，声情并茂，引经据典，有理有据，但赵匡胤就是置之不理，朕随你们说去，朕已打定主意。

千钧一发之际，赵光义终于憋不住了，亲自站了出来，老调重弹了运输、驻军等原因后，得出结论："大哥，迁都没有好处啊！"

赵匡胤拍了拍赵光义肩膀："弟弟啊，你还是太年轻！哥问你，开封为什么要驻守这么多军队？开封为什么必须靠南粮北调来供养？因为开封四面大开，无险可守，只能靠重兵拱卫。我跟你讲，迁都洛阳不是我的最终目的，我下一步就要迁都长安！长安你知道吧！汉唐故都！山河之险！长治久安！无须重兵守护，粮食问题、运输问题不都解决了吗？"

赵匡胤扔出的这个重磅炸弹一下子就把赵光义给炸呆了——开封到洛阳四百里，开封到长安一千里！若是迁都洛阳，虽说自己地位下降，但好歹还有争取的余地，若是迁都长安，自己就彻底沦落成藩王了！赵光义当时就跪了，一边磕头一边劝谏，但赵匡胤丝毫不为所动。

赵光义憋了半天，放出了最后的大招："大哥，在德不在险啊！"此语出自吴起，意思是说，没有国君的仁政，再险要的地形也守不住社稷。

不得不说，这句话太有分量了——你不是要迁都吗？你迁都就是对自己的人品表示怀疑！你迁都就是对大宋的管理没有信心！你迁都就是对全体下属的不信任！你迁啊！你迁啊！

赵匡胤瞬间被噎住了，也憋了半天，气得仰天长叹："你们这群鼠目寸光的蠢货！既然你们都说不迁，行，那就不迁！我把话撂在这里，祸患不在今日，要不了百年，民力就会耗尽！到时候你们就哭去吧！"

赵匡胤当然不会想到自己一语成谶，一百多年后，女真人果真迅速南下灭亡北宋。

且说当下，这兄弟二人之间的第二次博弈，赵光义似乎又胜一筹了。

顺便提一句，反对赵匡胤出巡洛阳的起居郎李符，在赵光义继位后荣升开封府尹，而力怼赵匡胤迁都洛阳的李怀忠，则荣升侍卫步军都虞候、领大同军节度使，更是实权的人物。至于这背后有没有什么不便人知的小秘密，咱就不知道了。

然而，赵匡胤就完败了吗？并没有。不要以为老赵宅心仁厚就没有手

段，他这一招打草惊蛇，不是使赵光义在朝中的隐藏势力暴露了吗？对付这些人，赵匡胤有一百种方法可以让他们在朝中混不下去。

反过来，朝中的扛鼎重臣，如曹彬、潘美、卢多逊等人，都没有表示反对，说明就目前而言，赵匡胤的地位仍然无人可以动摇，而赵光义苦心经营的势力，在皇权加持军权面前，根本不够看。

赵光义即使当时没有看破，但以他的头脑来说，事后也会很快洞若观火，他应该知道，自己十几年的苦心经营，即将失去作用！

是听天由命，等待哥哥的安排？还是奋力一搏，争取自己的未来？貌似，除了等待，赵光义毫无办法。然而，你别忘了，赵光义的幕府中什么人都有，比如皇宫内院的眼线，比如精通毒术的医生……

癸丑夕，帝莫名崩于万岁殿

公元 976 年 10 月 20 日，这天夜晚，宋朝出事儿了，出大事了！这晚，宋朝的缔造者赵匡胤同志突然宾天，搞得文武百官、大宋提刑官、后世看官都是一脸蒙圈——皇上，为什么不打一声招呼就死了？！

赵匡胤同志一向身体康健，而且武功不凡，一套太祖长拳不知撂倒过多少英雄好汉。如今正值壮年，没听染上什么严重病患，就这样违反常理地奔赴黄泉，而且不按常理地由弟弟接班，一时间舆论哗然，赵匡胤之死顺理成章成为千古谜案。

不过，还是有现场工作人员给我们还原了一个模糊的历史画面。

据悉，事发当天，鸡毛般的大雪下得凌乱，开封城到处弥漫着一种凉凉感。这时的赵匡胤，赵普不在身边，曹彬等人已经出征北汉，他可能突如其来地产生了一种寂寞感，心血来潮喊弟弟赵光义回家吃饭，并随手把牌子一翻——闲人免看！但仍有好事的宫女、太监远远地偷偷围观。

另有记载，说老赵喊的是自己的儿子赵德芳回家吃饭，被赵光义得知，未经召见擅自跑来蹭饭。

据当事人回忆，当时隔窗远远看到晋王赵光义不断离席，双手摆得又快又急，似在躲避。而赵匡胤则拎着他那把小斧头使劲凿地，并且高喊，"你好自为之！"

随即，赵光义匆匆离去，是夜，赵匡胤暴毙，然后，赵光义登基。

对于赵匡胤同志的死，《宋史》上的记载只有 17 个字："癸丑夕，帝崩于万岁殿，年五十，殡于殿西阶。"

是病亡还是意外？御医有没有救治，医生的结论是什么？全都没有说。

帝王之死竟如此遮遮掩掩，没有见证人，没有传位遗诏、没有顾命大臣，难怪当时很多人就对老赵的死提出了怀疑。

这件事最值得怀疑的地方就在于，接班的为什么是晋王赵光义？这一点也不符合常理。

这个问题的官方解释也只有只言片语——"汝百年之后，当传位于光义，光义传于光美，光美传于德昭"，还是那么含蓄，那么迷离。

不过，司马光在其主编的唐宋史料笔记丛刊《涑水纪闻》中，揭露了这样一段皇家私密：

在那个孤独寂寞冷的皇后寝宫，老赵媳妇惊闻老赵驾崩，痛呼一声："快喊我儿德芳入宫，继承他爹的大统！"

结果，这母子二人让一个身残志坚的服务员领班给推进了历史的大坑，这个人就是大宦官王继恩。

却说王继恩奉命去喊四皇子赵德芳回家接班，然而老王出门左转，轻车熟路地来到晋王府门前。

王赵二人深情地互望一眼，心中虽有万语千言，却无须多言，快马加鞭，疯一般冲向皇宫内殿。历史，由此来到了另一个拐点。

那么问题来了，赵匡胤平时对王继恩也不薄，难道就比不上赵光义送个别墅的好？他为什么一定要背叛旧主呢？

笔者脑海中突然出现这样一幅画面——王姑娘，你父母我都接来了，我给他们买了一所大房子，每天都有我的人照料着，你看咱俩的婚事……

皇宫内殿，宋皇后正望眼欲穿，等儿子来相见，然而，她万万没有想到，自己等来的却是小叔子那张带着冷笑的脸，她瞬间明了，事情有变！

然而，宋皇后毕竟是经过大风大浪的女人，她脑筋急转，心中已然有了答案——"我们娘几个的小命就交给官家了！"

在宋朝，官家专指皇帝，她这样喊赵光义，表示"你厉害，我服了！"

赵光义微微一笑："哎呀嫂子，一家人你说啥两家话，大宋有我在，还能让你们受委屈吗？"说完就火急火燎地登基去了。

随后，官方给出解释，说赵匡胤感觉自己大限将至，纵观兄弟子侄，唯独觉得赵光义长相英俊，英武不凡、雄才大略，于是将赵光义召进宫中，说什么都要把皇位传给他。

那么，请问官方，又怎么解释宋皇后在第一时间喊自己的儿子赵德芳进宫继位呢？

然而对于这么明显的问题，赵匡胤的其他儿子却集体沉默了，想来也是，如果赵德芳继位，那么大宋的皇位以后都将是父死子承，这哥几个就彻底没戏了；但如果由赵光义继位，按照"赵光义——赵廷美——赵德昭"这个模式玩下去的话，起码自己继位还存在理论上的可能……

于是在一片和谐美好的气氛中，赵光义却之不恭地登基了。但是，他登基之后，不和谐不美好的声音却越来越多——赵匡胤之死，死得离奇，而且赵光义属实抢了侄子的龙椅，难免引起大家的种种猜疑。

有人推测，是赵光义硬生生把他哥哥给砍了，由此衍生出"烛光斧影"之说。

但是这里有一个疑点：难道老赵的一众保镖全都是摆设吗？再者说，

赵匡胤本身就是个武艺高强的练家子，赵光义和他玩砍杀，那不是自己找死吗？

赵匡胤："我大意了啊，没有闪！赵光义他不讲武德，偷袭我一个49岁的老同志，这好吗？这不好！所以我用斧子'咔咔'凿地，并奉劝赵光义，你好自为之！"

好吧，这样推测也可以。

还有一种比较流行的说法，说赵匡胤是被弟弟毒死的，帮凶就是开封府里那位精通药理程德玄医生，不过，这只是个推理，因为，谁也没有证据。

我们只能说，赵匡胤莫名其妙地死了，赵光义有篡位自立之嫌。

朕，赵光义，誓要踏平北汉！

好吧，甭管有没有不可告人的秘密，反正赵光义如愿以偿地当上了皇帝，当然，在这个位置上，他也是如坐针毡，他没有哥哥那样的威望和资历，对文武百官缺乏绝对的控制力。眼下，朝廷内外流言纷纷，他成了谋害哥哥的最大嫌疑人，如果再不想办法控制舆论，哪天赵德芳以"报父仇"为名振臂一呼，哥哥在军队中留下的那些老伙计们应声而起，自己这个皇帝也就当到头了。所以，现在最重要的就是，赶紧想办法强化自己的执政合法性。

这种情况下，赵光义开始了一系列政治操作，他先是迫不及待地在年中改元。为什么说迫不及待呢？因为按照常理，改元一般在先皇去世的第二年进行，以表示对先皇的缅怀和尊重，但赵光义急于向天下百姓宣示自己是正统，于是登基之后马上改元为"太平兴国"。意思是，我赵光义当了

皇帝，从此就天下太平，国家兴盛了！

然后，他又给自己改名为赵炅，按字面释义，也就是赵明亮或者赵阳光，你别看这个名字起得挺寻常，但其实它有很深的政治意义。

在历史上，封建王朝讲究"五德终始说"，借"五行五德"的相生相克制造政治舆论，宣称自家政权是应运而生，顺应天命。从秦至宋，"五德终始说"一直是执政者阐释其政权合法性的基本理论框架。历朝历代，只要是内心正经的帝王，大都很在意自己的五行属性，努力使自己的德性与五行规律相匹配，以证明自己是真命天子。为了这个证明，他们还经常虚构或者伪造种种祥瑞之兆和神奇征象。

在五代十国，十国比较有自知之明，自认没有资格称德，而五代都觉得自己是正统，纷纷论起"德"来。

宋终结五代，完成一统，续后周木德，木生火，为火德。

所以，赵光义改名赵炅，他想说明自己不是一般属火的人，他是……咳咳，咱们还是接着往下说吧。

除了改元和改名外，赵光义还大开科举，大赦天下，总之，有什么办法能博得天下人的好感，他肯定要试一试。

但是，这些操作仍然无法平息大家伙对他的质疑，这令赵光义非常抓狂——说好的人与人之间的信任呢？思来想去，他决定再放一个大招——树立共同敌人，转移国内矛盾和民众视线。

做个通俗一点的比喻：你和你媳妇吵架时，有人过来扇你媳妇一巴掌，会发生什么？

对外矛盾，不但可以转移舆论关注点、迅速弱化国内矛盾，而且对于执政者来说，也是一个赚取民众好感、树立政治威望的好手段。

至于谁会成为赵光义的政治牺牲品，还用说吗？当然是那个已经半死不活的北汉了。

太平兴国四年（公元 979 年），赵光义召开工作会议，商议征讨北汉事宜。虽然不少人都觉得，国家刚刚稳定下来，老百姓刚过几天消停日子，这个时候不应该妄动干戈，但赵光义怎么可能让自己的计划流产呢？于是大手一挥："就这么愉快地决定了！而且朕要御驾亲征！"

辽国方面得到消息，急忙召见宋朝驻辽大使，厉声质问："你们为啥无故欺负我大侄子？"

宋朝驻辽大使回答得非常霸气："北汉不主动归顺，不支持国家统一，就该揍他，你们辽国消停吃瓜，咱们依然可以和平共处；你们要是敢横插一杠子，那就开战吧！"

赵光义伐北汉，经济上不用发愁，宋朝这时候已经有钱了。

在军事上，他总结了前几次宋军进攻太原失利的原因，制定了肃清外围、先阻辽援、后取太原的方略。然后加紧整训军队，积极为攻占太原作准备。

当年 2 月，宋军快速集结，赵光义马鞭一指——北汉，灭他！

不到一个月，宋军一路平推到太原城。辽军也非常高兴地前来援助——这次又能狠敲一笔了！

按照赵光义在战前预定的作战方案，宋军主力部队围住太原城，遣郭进在白马岭大涧列阵阻击辽国援军，属于典型的围城打援。

辽国南府宰相耶律沙率前军与郭进隔涧遥望，他见郭进军整装以待，心知宋军早有准备，认为此时不宜轻举妄动，还是等后军到位，大家前呼后应一起动手比较稳妥。

但冀王耶律敌烈见郭进人少，骄傲了，认为应率前军先以压倒式的急攻干他一波，等后军到了再干他一波，在一波接一波的优势梯队攻击下，便足以将宋军毁灭。枢密副使耶律抹只也认为，冀王说得对。

然后，三个人就杠起来了，耶律沙虽为主将，却杠不过监军和副将两人，二对一，少数服从多数，辽军气势汹汹地渡涧杀向宋军。

有一说一，耶律敌烈的作战方案并非全无道理，如果实施顺利，的确足以使宋军遭受毁灭性的打击，但是，这位契丹大王却忽略了一点——宋军也不是立正等挨打的人啊！

85

骑兵对重步兵方阵，最忌正面冲锋，而应设法从侧翼包抄，但耶律敌烈显然求胜心切了，竟以己之短击彼之长。结果不用说，郭进也是个久经沙场的悍将，没有给辽军调整的机会，半渡而击，以雷霆之势打掉了辽军前锋，耶律敌烈和他的儿子耶律蛙哥、耶律沙的儿子耶律德里均死于宋军刀兵之下！

而此时此刻，耶律抹只的中军和耶律沙的后卫正在渡涧，收不住队形，上岸后全部被宋军包围了！

不过，耶律沙也是一位非常优秀的将领，他很快在战场上就地收拢败军，重新整队抵住郭进猛攻，赢得了一点时间，等来了南院大王耶律斜轸的援军。耶律沙和耶律抹只在援军的箭阵支援下，狼狈逃回北岸。郭进又趁势攻破西龙门砦，辽军全军败退。

之后，被重兵围城的北汉再次向辽告急，辽军由于大败，短时间内无力再出援兵，只能眼看着自己的大侄子被围殴。

不久，赵光义亲临太原指挥战斗，耀武扬威加威胁恫吓，为了向北汉和辽人展示大宋国的武力，他从军中挑选出大批武林高手，在两军阵前进行武术表演，什么总决式、破剑式、破刀式、破鞭式……看得北汉和辽国人眼花缭乱，唬得他们一愣一愣的……

五月初五，赵光义来到城南，督促诸将发起猛攻，大有屠城的架势。此时北汉退休高干马峰卧病在家，见情势危急，恐百姓无辜受难，慌忙让人把自己抬进宫中，痛哭流涕地劝刘继元投降。当夜，刘继元送降书给赵光义，北汉宣告灭亡。

至此，宋完成了真正意义上的大一统，开始君临天下。

高梁河，一生羞于启齿的痛

赵光义完成了他哥哥都没完成的丰功伟绩，整个人似乎都多了一层王霸之气，群臣自然也向赵光义送上无数恭维之语，捧得赵光义飘飘然而起，于是他觉得，辽国也不过如此，朕要一鼓作气收复燕云十六州，打回燕京去！

群臣集体打了个冷战——皇上，见好就收吧，俗话说得好，NozuoNodie 啊！

然而，我们知道，极度自负的人从不会觉得自己的自信大于实力，赵光义现在就是这个状态，他觉得燕云十六州已经是到了嘴边的鸭子，岂能让它飞了？于是一意孤行。

赵光义命曹彬负责部署军队行动，潘美组织粮运管理后勤，郭进继续监视雁门以北辽军动向以保障侧后的安全。其战略方针是：以幽州为主要作战目标，迅速从太原转移兵力东进，越过山丘重叠、沟壑纵横的太行山，趁辽国没反应过来，实施突然袭击，以闪电战一举夺占幽州。一旦幽州得手，必然震动其余诸州，然后乘胜收复全部幽云地区。

辽国其实对宋军可能乘势攻过来这件事早有防备，早在耶律沙去援助北汉的时候，辽景宗就已经吩咐耶律斜轸加强燕京军事戒备了。辽军大败之后，契丹人更是打起来十二分精神，加强了十二万分小心，但是……他们无论如何也没想到，赵光义疯了——竟然刚刚打完北汉，不对军队进行休整，就举全国之力打了过来！

太平兴国四年（公元 979 年）5 月 20 日，宋军从太原分路东进，翻越太行山，进入河北平原。由于宋军每天以百里的速度迅速开进，暴露在宋

军侧后的辽东易州（歧沟关）守军孤立无援，不战而降。

这时，辽国北院大王耶律希达、将领萧托古和伊实王萨哈在易水迎击宋军，企图阻止宋军向幽州推进，再一次被宋军击溃。

6月21日，宋军推进至涿州，辽涿州守将开城投降，耶律斜轸看到宋军兵锋甚锐，不敢正面交锋，率军进驻今北京清河一带，以援幽州。

赵光义认为，耶律斜轸只能凭险固守，便以一支部队牵制耶律斜轸，部署主力围攻幽州。

这时的赵光义得意扬扬，觉得自己拳打北汉轻而易举，脚踢契丹不在话下，收复燕云十六州这么涨身价的事情就要在自己手里完成了！

然而，他没有注意到，辽国最精锐的骑兵已经开始集结，准备大反攻。

宋与辽的第一次全面交锋，即将展开！大概双方当时都没有想到，这只是他们"相爱相杀"的开始……

6月30日，辽景宗耶律贤召开高层会议，商讨对宋作战事宜，不少大臣觉得，现在宋军锋芒正盛，不宜和他正面硬刚，主张放弃幽、蓟二州，退守松亭和北岸口。

关键时刻，一位叫耶律休哥的大汉站了出来，他表示，幽州是燕云十六州的要塞，绝不可轻易放弃，皇上你给我5000骑兵，我要是不把赵光义打得落荒而逃……咱们再撤退也不晚。

耶律贤一拍桌子："看见没？有人找碴色不变，谁都不服就是干！这才叫纯爷们，你再瞅瞅你们，一个个那副怂样！那谁，耶律奚底，赶紧把你北院大王的位置让给休哥吧！你占着茅坑不如厕，你不害臊吗？休哥，朕给你五院兵马，你去找耶律斜轸，你俩一起把宋军给我赶回去！"

这边，宋军对幽州的攻势越来越猛，赵光义亲自督战，辽国雄武军节度使刘延素、知蓟州事刘守恩相继投降，幽州形势不容乐观，但宋军连日苦战，攻城不下，军心不免懈怠。本来嘛，打北汉的赏钱还没给呢，光出力不赚钱的事儿谁乐意干呢？可赵光义的注意力全被幽州吸引了，居然未做任何阻援部署。

7月6日，正当赵光义指挥攻城时，耶律沙的援兵突然从沙河赶到，在幽州北门外的高粱河袭击了攻城的宋军，虽说事出意外，但宋军毕竟兵多将广，鏖战到黄昏时分，辽军渐渐抵抗不住。

说时迟那时快，就在宋军胜利在望之时，耶律休哥和耶律斜轸的两路大军杀到，一左一右同时向宋军发起猛攻。这时候耶律休哥玩了个损招，他让士兵每人手持两支火把，或是高举双旗，造成一副"我有兄弟千千万"的架势，慌乱中，宋军不知辽军到底来了多少人，军心开始动摇，怯战情绪蔓延，败势渐渐呈现。

赵光义此时已经毫无办法，他知道自己拿下燕云十六州的伟大构想已经不可能实现了，他现在想的是怎样能最大限度减少损失，保留一点颜面。他在心里安慰自己，好在辽国援军来的突然，幽州城里的守军应该还没有得到消息，否则从后面再给自己一下子，那就真的完蛋了！

然而，这世间有这么一个奇怪的现象——你憧憬的好事总是千难万难，坏事往往一想就得偿所愿。在赵光义绝望的眼神中，被宋军摧残了小一个月却依然顽强禁闭的幽州城门，突然间缓缓地打开了……

幽州城内的耶律学古见援兵到了，带着还能动弹的士兵杀出城来，开门列阵，四面鸣鼓，猛攻宋军，幽州居民也出来助阵，呼声震动天地，耶律休哥眼见此景，虎躯一震，更是身先士卒，奋勇向前，辽军士气大起，无不以一当百，誓死相拼。

事情到了这个地步，已经没有挽回的余地了，除非赵光义会撒豆成兵，又或者是赵光义的队伍里人人都会降龙十八掌，否则只能眼睁睁地看着自己被契丹大汉"蹂躏"了。宋军一退再退，一败再败……

激战中，不知道谁放冷箭，又从后面给了赵光义两下子，赵光义臀部受伤，瞬间心胆俱裂，哪还顾得上皇帝的尊严，自己把马一弃，找了辆不起眼的驴车，连招呼都没和众将打一声，自顾自地先溜了。

此时此刻，宋军将士还不知道皇帝已经先闪一步，大队人马仍然在幽州城外苦战不休。不得不说，大宋建国初期的战斗力还是很够看的，即便

是做困兽之斗，仍给辽军造成了很大杀伤。耶律休哥同样被宋军打成重伤，血流如注，但他被手下抬上战车以后，仍然坚持继续指挥战斗，勇猛无比……

黎明时分，宋军终于全线溃败，乱成一团，四处奔逃，辽军追杀30余里，斩首万余级。

耶律休哥因伤势严重，不能骑马，只能轻车追击赵光义。然而契丹人虽然马战彪悍，但坐驴车狂奔就不那么在行了，这方面赵光义更胜一筹，一昼夜狂奔300余里，天亮时遁至金台驿，侥幸逃过一劫。

此时，赵光义还不知道，自己不打招呼先闪一步的恶劣行为给手下的将领们造成了多么大的恐慌……

大辽方面，辽景宗论功行赏，耶律休哥从此执掌兵权，征战四方，逐渐荣升为"大辽军神"。

高梁河之战，是耶律休哥的第一枚军功章，也是赵光义心中永远的殇。

大侄子，你死得好……惨啊

却说赵光义趴在驴车上发了疯似的一路向南，完全忘记了自己的部队已经被远远甩在后边。

被抛弃的将士们狼狈溃至涿州，惊魂未定，又是一惊——皇上呢？不会是乱军之中让人给剁了吧？！

有人在现场看到了事情经过，站出来说："别瞎说，皇上受命于天，洪福齐天，怎么会让人给剁了呢！他只不过是臀部中箭，被抬上驴车先行了一步。我看得真切，那血流得哗哗的，要说咱皇上也真是坚强，伤成那样，仍怕扰乱军心，愣是没叫一声，一个人忍着痛不声不响就走了……不过这兵荒马乱没有医生，很有可能流血过多……而且驴车那行进速度，要是让人追上给剁了也很有可能……"

一种恐慌的情绪开始在军中蔓延。

这一仗打的，死伤惨重不说，还把皇帝给弄没了，要是真在乱军之中让人给剁了倒也没啥，他们老赵家够格当皇帝的还有好几个，可万一要是没死成，让人抓了俘虏可怎么办？到时候契丹人把咱皇帝衣服一扒，拎到两军阵前一边用小皮鞭抽打，一边讽刺叫骂，那咱大宋还有脸吗？

为了稳定军心，众将合议，当务之急是赶紧确立一个新的带头人，带领大家纠正前最高领导人的重大军事指挥失误，重新制定正确的政策方针——反正咱皇帝大概率是死了，这个锅让他一个人背正合适……

此建议一经提出，立刻得到广大将领的极度认可，没人反对，全票通过——这事儿要是成了，打败仗大家都没责任，而且还加持了无法计算价值的拥立之功，这简直是塞翁失马，焉知祸福啊！

而且此时，军中恰好就有一位合适得不能再合适的人选——太祖的儿子赵德昭！赵德昭在他叔叔继位后，虽然寸功未建，但仍被屡屡加封，这次更是以武功郡王的身份随军出征，在众臣看来，他很有可能是"隐皇储"之一。那么按照惯例，当皇帝出现意外，"隐皇储"果断接班，坐镇大局，完全没有问题啊！

既然形势上和理论上都没有问题，因此大家就十分顺理成章地喊赵德昭出来当新皇，赵德昭则十分顺理成章地表示这样不可以，就在赵德昭嘴上说不要，行动即将很诚实地时候，有人突然跑过来说，皇上来信了……

赵光义在金台驿养了几天伤，心里开始觉得不对劲——我带了这么多将领出来，怎么这么多天没有一个人联系我？难道全军覆没全部殉国了？不能够啊！于是试着和涿州方面联系一下，这一联系，大家都尴尬到姥姥家了……

赵光义心头当时估计都不断骂娘了，自己本想趁热打铁，把威望拉到

一个新的巅峰，谁知道竹篮打水一场空，狼狈惨败不说，臀部挨了两支穿云箭，最让人接受不了的是，自己还没死呢，这帮大臣就准备另立新皇，偏偏他们的做法貌似还挑不出毛病……

于是，无比尴尬的赵光义什么也没说，安排了一下后续防御工作，就带着同样无比尴尬的将领们回家了。

回到家中，杜绝了发生兵变的可能，赵光义开始秋后算账，非常高调地严厉处罚了石守信等几个高级将领——朕的决策没毛病，败就败在了你们这帮蠢货身上！

接着，他又把文武百官大骂了一顿——朕这么好的决策，你们都没有执行好，干啥啥不行，平时吹牛第一名，关键时刻，没一个能给朕顶上去的！

赵光义越骂越气，越骂越觉得自己说得跟真事儿似的，最后大手一挥——你们罪该万死！但朕宅心仁厚、宽宏大量，拿你们之前打北汉的功劳将功补过了！还不快谢恩！

大家的心里瞬间遭受了 10010 点伤害——当初我们说不行，你一意孤行要逞能，结果让人给干了，你就把屎盆了扣我们头上？大家伙带着兄弟们冲锋陷阵，舍生忘死灭了北汉，兄弟们死的死，伤的伤，你就拿我们的功补你的过了？这是什么人才能干出的损事儿？

大家心里对赵光义相当不满，但谁也不多说话，都知道皇帝因为"另立新皇"这事儿憋一肚子火，正找不到理由发泄呢，谁会去触这个霉头？！

但你别说，还真有人冒傻气。

赵德昭也不知道当时是哪根筋搭错了，在赵光义正愁找不到借口收拾他的时候，主动跑过去送人头："那啥，叔，你这么干不太合适，别让人家说咱们老赵家抠门，多少赏点呗。"

赵光义当时的心情可想而知——你小子几个意思？

自古以来，当皇帝的无一例外，最担心的绝对是被别人拱下台。只要他认为你已经威胁到了皇权，不管你有没有想过要谋反，一准完蛋！哪怕是亲生儿子，也不留情面！

非常明显，因为之前的"黄袍加身未遂"事件，赵德昭已经被赵光义拉进黑名单，成为心腹大患！赵德昭这时的处境其实非常危险！

于是，赵光义话中有话地说了一句："等你当皇帝再出风头也不晚吧！"

别小看这只是短短的一句讽刺话，但它的信息量很大，大到每一条都足以将赵德昭活剐！

第一：你小子越权了！是不是心里有什么不可告人的想法？——老子才是最高长官，赏罚我说了算，你算哪头蒜？你想借机收买人心吗？

第二：你想过皇帝瘾，未免有点迫不及待了吧！——老子生死未卜，他们就想拥立你为新主。别以为老子不说，这事就算过去了！

第三：我看你是想趁机收买人心，为取代我做铺垫吧！——你为拥立过你的人争取福利，你小子几个意思？别以为我不明白你什么意思！真有意思！

看到没，社会我赵哥，人狠话不多，绝对狠角色。

赵德昭被叔叔话里带话这么一骂，心里又惊又怕，考虑到叔叔这个人心狠手辣，就死了。

那么赵德昭是怎么死的呢？——死因不明，死无对证！

《宋史》记载，赵德昭超喜欢吃肉，那天被叔叔一顿痛批，心里非常憋屈，于是化憋气为食欲，回到家玩儿命吃肉，然后就把自己噎死了。虚岁二十九。

至于你们信不信，反正我信了。

不过，司马光却站出来搅局了。这家伙其实是个顽固的搅局者，关于他的故事我们以后再说。

司马光在《涑水纪闻》中对官方说法提出了反驳，为我们还原出另一个案件经过。

按照司马光的说法，赵德昭当天被叔叔一顿臭骂，回到家越想越怕，

为了保护全家，赵德昭瞬间想到 100 种死法，最后用一把水果刀，把自己结果了。

赵德昭就这样死了，一个 29 岁的大小伙子，用一把水果刀将自己狠心干掉，死得这样不甘，死得这样无奈，死得这样窝囊。

而他之所以自杀，不外乎两个字——害怕。你知道杀人不见血吧，这就是了。

但是，这就是真相吗？

事实上，不管正史还是野史，没有任何资料能够证明，那把水果刀是如何要了赵德昭的性命。

再结合《宋史》官方说法的荒诞离奇，不得不让人心中起疑！——细一想，感觉非常恐怖！

也许，赵德昭当时只是想静静……

也许，窗外突然飞进一条黑影，他以迅雷不及掩耳之势，用一把水果刀取走了这条鲜活的生命……

反正，那个赵德昭的自杀现场，没有人证，没有物证，死无对证，只有 把水果刀散发着寒光……

当然了，这只是笔者一个不成熟的想法，你可以否定它，推翻它，权当我说的是笑话，千万不要一言不合就开骂。

对于网络暴力，笔者也是非常怕怕。

说白了，赵德昭的生死谜团，仍是一桩历史悬案，案情同样可能永远无法反转。

抛开真相不说，可以肯定的是，当赵光义看到大侄子的尸体时，内心决然窃喜了，心底肯定踏实了。毕竟，这是他最想看到的结果。

然而，众人看到的是，赵光义哭晕在厕所，他边哭边说："傻孩子啊，叔叔说你两句，你怎么就做傻事呢！这让我怎么对得起死去的哥哥啊！"

只能说老赵家人的演技，都绝了。

没过多久，赵德昭尸骨未寒，赵光义就举办了一场规模宏大的庆功宴，文臣武将中只要曾参与过收复北汉，统统赏钱升官。

赵德昭，你怎么看？

然后，仅仅过了一年半，曾经险些做了皇帝的赵德芳也追随父兄来到黄泉，享年23，死因同样是一桩千古谜案。至此，赵匡胤的4个儿子全部归天。

那个昭告天下的金匮之盟，那个"代侄守位"的约定，也"只好"中断。

《宋史·宗室传》对德芳之死记载得更加简单——病死在床。如此遮遮掩掩，更让大家觉得此事绝对与赵光义有关。

但是，没有完整的证据链。

当年太后临终，她和您哥有个约定

赵匡胤留在人世的两个儿子相继莫名其妙地非正常死亡，朝堂内外顿时又展开了新一轮的议论纷纷，大家不约而同地开始脑补各种龌龊事情，赵光义继位的合法性再次遭到铺天盖地的质疑。

这时候，赵普站了出来，没错，就是赵光义的死对头赵普，他说："诸位，你们也知道过去我和皇上闹过一些不愉快，但是为了良知，今天我有一些话要讲。"随后，就抛出了那个历史上著名的"金匮之盟"。

据赵普说，事情的经过是这样的：

在赵匡胤称帝的第二年，他的妈妈杜太后弥留之际突然召赵普进宫。赵普过来以后，杜太后直接问赵匡胤："香孩儿啊，你知道你为啥能当皇帝不？"

这话问得赵匡胤挺尴尬的，他也不能说自己玩心机抢了老大哥的江山

啊，只好拣好听的说："都是因为祖上积德，妈妈教养有方。"

不料杜太后直接揭他老底："还不是因为周世宗把帝位传给幼子，让你捡了便宜！要是周朝有年长的君主，哪能轮到你当皇帝？"

赵匡胤和赵普四目相对，默默无语眉低垂，腮边四朵红云飞。杜太后接着说："你和光义都是老赵家的骨血，这一点我绝没有撒谎，将来你必须传位给你弟弟，也免得重蹈周世宗覆辙。国有长君，才是社稷之福啊！"

赵匡胤听后频频点头。赵普说，太后召他过来，就是为了给这份政治遗嘱做个见证，于是他当即在太后榻前写下这份盟约，并在末尾署上"臣普记"三个字，然后先皇将盟书封存在一个金匣子中，命谨慎可靠的宫人保管。

赵普说的煞有其事，但是，赵光义登基之后的一些做法，却令世人对"金匮之盟"的真实性提出了质疑。

首先是他对待皇嫂宋皇后的态度。赵光义只给宋皇后上了个"开宝皇后"的尊号，就将她幽闭在了深宫里面。先是西宫，后来又迁到东宫。宋皇后毫无反抗之力，只能在抑郁孤凄中打发日复一日的岁月，44岁便冷冷清清的离开人世。

宋氏死后，赵光义将这位"皇嫂"的棺木在普济佛舍停放了3年，才用一个根本不够皇后规格的葬礼马马虎虎将她下葬于赵匡胤永昌陵北面。

其次是他对于自己的兄弟子侄手段过于狠辣。

赵光义即位之初，便封赵廷美为开封府尹，将赵德昭和赵德芳并称为"皇子"，这让人们觉得，他要遵循赵匡胤留下的惯例——传弟不传子。到了后来，赵德昭、赵德芳、赵廷美等人或者突然暴毙，或者突然获罪、抑郁而终，人们就不得不怀疑赵光义之前的做法只是一场政治秀了。

这里其实还有两个让人百思不得其解的问题：

第一，杜太后去世的时候，赵匡胤只有34岁，身体倍棒，吃嘛嘛香，完全没有要挂掉的迹象，杜太后凭什么认为他会英年早逝呢？就算杜太后是未雨绸缪，但当时赵德昭已经 14 岁了，哪怕老赵只能再活 6 年，赵德昭都是 20 岁的大小伙子了，何来幼主继位之说？而且，老赵活了 49 岁。

第二，如果真有遗诏，赵匡胤临终前就应该命人打开金匮，就算是突然死亡，皇后也应该知道此事，掌管金匮的宫人同样也知道此事，为什么要等到老赵死后 6 年，才由赵普官宣出来呢？即使公布遗诏，赵光义也应该把全文都公布出来，因为这是他继位合法的有力证据，而他所官宣的，却仅仅是一个大概内容，而且内容还不完全一致。

赵光义和赵普所公布的"金匮之盟"，乃"独传约"，即由赵匡胤传位赵光义，一传而止。而《宋史》和《续资治通鉴长编》中所记载的，被称为"三传约"，即赵匡胤传位赵光义，赵光义传位赵廷美，赵廷美传赵德昭。有此三传，皇位仍回赵匡胤一系，既保证了国有长君，又能让赵匡胤荫及子孙。

窃以为，若单以两者来论，三传约似乎更靠谱一些。

我们看，赵光义上台以后，马上让弟弟赵廷美做开封府尹，封以大国之王，这是立"隐皇储"的节奏，同时，他又让赵德昭全盘接下赵廷美原来的职位，这个安排隐隐与"三传约"相合。

由此可以进一步推测，正因为原始盟约是"三传约"，所以赵光义即位之初，老谋深算的赵普才不急于打出这张王牌。因为这是决定他后半生命运的唯一的政治筹码，仓促出牌或许能献媚于一时，但不能保富贵于一世。所以他宁愿选择继续隐忍，和赵光义一样默默等待最佳时机的出现。

我们试着还原一下当时的情境，大概是这个样子的：

太平兴国六年（公元 981 年），赵德芳死后不久，正当赵光义犹豫着要不要除掉赵廷美的时候，被时任宰相卢多逊欺负得快要憋屈死的赵普意识到，自己打翻身仗的机会来了。于是他主动去找赵光义，两个人之间来了一次密谈。

"皇上，臣有几句话不知当讲不当讲？"

"你这开场白俗套不俗套？不知当讲不当讲，就不要讲！"

"那好吧，那我就把太后当年吩咐太祖皇帝传位的事儿烂死在肚子里吧。"

"你等等，什么事？"

"也没啥大事，就是太后临终之前，曾召见老臣，让我做个见证，好像说什么周朝的教训历历在目，什么兄死弟承，哎呀，这老长时间我有点记不清了……"

"别啊老赵，不，赵哥，以后没人的时候咱们就以兄弟相称，这都多少年交情了是不是，你快仔细回忆回忆，跟弟弟说说，到底是怎么一回事？"

"哎呀皇上，这称呼老臣可不敢当，实不相瞒，臣有病，臣得了一种官太小就啥也记不清的绝症，臣都这么大岁数了，也不知道有生之年还能不能想起来了……"

"赵哥你早说啊，你这病朕就能治！来人啊，给赵宰相赐座看茶，赵宰相您看您现在想起来没？"

"皇上这不好吧，你让臣当宰相，那卢多逊干什么去？而且他肯定会怨恨于我，要说这些年老卢对我可不薄……"

"朕明白，这事儿朕给你安排，安排得明明白白！"

"嘿，皇上您这么一说，我一下子就想起来了！当初太后临终之时，叫我去给做了个见证，她和您哥哥有个约定，为防止幼主被篡位的历史事件重演，一旦太祖皇帝大行，就让您接班，还写了个遗嘱用金匣子封存起来，这个遗嘱还是我执的笔呢！"

"这个……朕登基的时候也这么说过，我哥传位给我，我再传位给廷美……"

"不不，太后没说传位给魏王，我亲自写的，这事儿我最清楚！"

"这不太好吧，我当初话都说出去了，君无戏言啊！我要是反悔不传位，廷美会怎么想？文武百官会怎么想？廷美肯定不会善罢甘休啊，到时候万一被他暗中查出点什么……"

"如果魏王出了什么意外，或者犯了什么大罪呢？"

"你容我想想，我哥死的时候，我被天下人狠狠怀疑了一波，德昭和德芳死的时候，我又被天下人狠狠怀疑了两波，这要是廷美再出点什么事儿，我就彻底臭青史上了！廷美的问题，还是妥善处理比较好。"

"皇上，千万别聪明一世糊涂一时啊！你哥当初要是肯听我的，当机立断，还能轮到你当皇帝？"

赵光义豁然开朗，心中感动不已，忍不住跟赵普吐露了一句心里话："我好几次都想弄死你的！幸亏下手慢了！"至此，这对多年的老冤家终于冰释前嫌，握手言和。

第二天一早，此事正式官宣，赵普也在众人惊诧的目光中重新站到了文官之首的位置上，大家都觉得这事儿很蹊跷，却也都选择事不关己高高挂起，但有一个"事关己"的人非常郁闷，这个人就是赵廷美。

按照赵光义刚继位时的说法，皇位继承应该是按"赵光义——赵廷美——赵德昭"这个模式玩下去的，之前赵德昭、赵德芳死了，赵廷美还抱有一丝幻想，觉得侄子们死就死了，反正自己能继承皇位就行，但赵光义现在又玩了一出"金匮之盟"，把赵廷美彻底踢出了局，这就让赵廷美相当不爽了。他意识到，哥哥这是要吃独食，他简直无法容忍，于是经常和哥哥对着干。

半年之后，赵光义和赵普联手展开了打击赵廷美的行动，以"谋反"罪名将其外放，并"监视居住"，直到将他弄得郁郁而终。当然，出于利益的交换，赵光义不得不把自己的心腹、赵普的政敌卢多逊出卖了，让他和赵廷美一起殉了葬。

在此次事件里，赵廷美和卢多逊的行为非常"丧心病狂"——他们竟然合谋，让没有兵权的赵廷美去伏击被禁军严密守护的赵光义，如果这个计划无法实施，那么赵廷美就装病，然后趁赵光义来探病的时候，一跃而起用一招独孤九剑一剑穿心！

不管你们信不信，反正我是信了。不仅笔者信了，赵光义也信了，大

家都信了！

当然，关于到底有没有"金匮之盟"，究竟是"独传约"还是"三传约"，赵廷美到底有没有要谋反，历史并没有给我们出示直接的证据，这桩由政治衍生的悬案，可谓公说公有理婆说婆有理，历史究竟向我们隐藏了什么，早已无从得知。

问君能有几多愁，
恰似一江春水向东流！

纵然李煜曾阅风月无数，都不曾见过如此可惊为天人的美人睡姿。当下李煜不由得如痴如醉血脉偾张，更想近前看个真切，便掀帘而进，却不料碰响了珠锁，发出了虽然不大而在他听来却是震撼心魄的响声……周薇猛然惊醒，扭头一看，姐夫正尴尬地站在门口……

……

桃花无言一队春，快活如侬有几人

这一篇，我们给李煜开个专栏，理由很简单，就因为他深受广大文艺青年的喜欢。没错，你猜对了，有流量的人就是比别人多一点特权。

讲真的，如果给历史上的亡国之君分个类，李煜绝对属于独一档——是最不讲道理的那一个。

为什么这样说呢？因为几乎所有亡国之君，都要被后朝官媒大黑、特黑、雇写手黑，什么荒淫、残暴、昏庸、无能、没人性、臭流氓等等，帝辛、杨广、朱由检等人对此深有体会！

而李煜就不一样了！可以很负责任地讲，李煜绝不是一个好君王，但人家亡国后得到的是无数同情和褒扬，硬生生也混了个千古流芳。同样才华横溢的杨广上哪说理去呢？

其实对于李煜，一千个人心中有一千个评语，大家怎么看他都没问题。而笔者，事实上也是李煜的迷弟。

好了，题外话不多说，李煜专栏开始直播！

笔者："请问李后主，您的理想是什么？"

李煜："弄死赵光义！"

笔者："那么大周后和小周后，您喜欢哪个更多一些呢？"

李煜："家有事，先告辞！"

李煜，原名李从嘉，擅长诗词歌画，本性风流奢华。

他原本只想做一个有文化的流氓，最后却被迫成为一个入错行的君王。

他是一个好人，施善于民，却保护不了自己的枕边人。

他悲催的一生，都浓缩在自己的诗词中。

——一棹春风一叶舟，一纶茧缕一轻钩。花满渚，酒满瓯，万顷波中得自由。

公元 937 年，李煜出生在六朝古都金陵，开始了他才华横溢、纸醉金迷，痛苦悲情的一生。

李煜小小年纪就朝野闻名，有才华不说，偏偏还生就一副帝王之相——重瞳。要知道，重瞳可是舜帝、项羽这二位大神的高配，于是隔着 20 米，李煜都能感觉到他哥哥李弘冀身上散发出的浓郁杀气。

其实，李煜从来就没有过做皇帝的梦想，奈何二三四五哥相继早亡，小六子李煜被迫成了大哥李弘冀唯一的猜疑对象。

为了洗脱嫌疑，李煜日常以隐者自居，他表示："浪花有意千里雪，桃花无言一队春。一壶酒，一竿身，快活如侬有几人。"

那意思是说：大哥，我都躲猫猫了，你别老盯着我了行不！——李煜并没有说谎，他不喜欢江山，只喜欢玩。

从此以后，李煜只醉心于美人琴棋诗酒花，对权利没有任何非分的想法，哪知道命运所赠予的一切都暗中标好了价码。

南唐时任国主李璟同志随口说了一句："我准备死后把皇位传给你们的叔叔。"便引发了一场血肉相残的悲剧。

深恐皇位被人夺走的李弘冀思来想去，把心一横，上街买了一包耗子药，偷偷掺到叔叔的饭食里，随后，李叔叔便一命呜呼了。

然而，这李弘冀虽然是个狠人，但并不是一个能成大事的人，心理素质极其糟糕，深更半夜总是梦到叔叔冤魂索命，结果又惊又吓又担心爸爸知道，没多久也一命呜呼了。

李弘冀死前，拉着李煜的手说："六啊，不瞒你说，咱叔叔是我毒死的！"

这极大地刺激了李煜，使他对政治愈加厌恶。可是，让他更糟心的事情随之就来了！

李璟同志表示："我弟弟死了，成年的儿子也就剩小六子一个了，我不把皇位传给他还能给谁呢？"

李煜表示：不做作地讲，出现这种情况，我也很惆怅！

李璟要立李煜的消息一传出，满朝文武都很痛苦，大家都知道六皇子是个纨绔，这操作不是要亡国吗！

这时有个叫钟谟的耿直男人站了出来，大声说道："六皇子轻浮也就算了，还是个滥好人，这样的人怎么能当皇上呢？慎重选择啊皇上！"

小明他妈讲话了："我娃就算不好，还轮到你叽叽了？找削啊！"的确如此，有人说你家孩子你也不愿意，于是钟谟被流放千里……

没多久，李璟同志故去，李煜唉声叹气地坐上龙椅。

更加无奈的还在后面。当时的南唐先是称臣于后周，后又称臣于北宋，每年大把大把地给人送银子，偶尔还要跟周边小国干一架，到李煜接班，国家已经快成了贫困户。

国家穷不说，南唐的那些大臣们也不省心，党争不断，相互攻击，造成了极大的内耗。李煜即位后，朝中虽然不乏硕才俊士，但由于李煜摸不透他们的脾气，所以并不能做到知人善用，最典型的就是韩熙载。

韩熙载是南唐三朝老臣，兵部尚书。年轻时志向很大，他离开家乡来江南时，好友李穀给他送别，老韩对老李说："江南要是用我当宰相，要不了多久就会平定中原。"

老李也不示弱："中原要是让我当宰相，平定江南就好像探囊取物一样容易。"

说来也巧了，后来后周打江南，真的任用李穀为大将，轻易就夺取了淮南之地。

韩熙载确实是个有才之人，但因为北方人的身份，始终无法得到重用。李煜刚即位时，猜忌心很重，鸩杀了很多从北方来的大臣，韩熙载为逃避李煜猜忌，故意纵情声色。李煜对韩熙载的放荡行为很不满意，就派画家顾闳中潜入韩家，仔细观察韩的所作所为，然后画出来给他看。这幅画今天珍藏在故宫博物院，画名就叫《韩熙载夜宴图》。如此精美传神的图画，背后折射出来的却是当时南唐君臣互相怀疑、彼此不信任的尴尬状态。事后，韩熙载还是没有得到李煜重用，最终在凄凉中郁郁而终。

不过，即位之初，李煜也曾有过那么一段正经的时光，他励精图治，建立龙翔军，操练水战，以备不时之需；他赏罚分明，处置欺压百姓的韩德霸，干脆利落的手段让人眼前一亮，此事一时传颂江南；他时常大力称赞那些为国家作做出贡献的人，为国家选拔了许多英才。这让满朝上下心服口服，大家都觉得小六子还行，一时人心思进，南唐气象为之一变。

临春谁更飘香屑？醉拍阑干情味切

——红日已高三丈透，金炉次第添香兽。红锦地衣随步皱。佳人舞点金钗溜，酒恶时拈花蕊嗅。别殿遥闻箫鼓奏。

李煜虽然无奈地接受了命运的安排，披上黄袍，试图去做一个好皇帝，但他骨子里仍只是一个艺术家。从小长于深宫，从未了解过民间疾苦的他，面对动荡的政局，以及刀光与剑影，他最终还是选择了逃避，逃进了只属于他的世界，拥抱着虚幻的快乐，开始了他的行为艺术。

从这时起，他开始混后宫，风花雪月，纨绔浪荡，几乎没干过什么有价值的事，除了写写词。

那晚，李煜一如既往地在宫里举办歌舞联谊会，说是联谊会，基本每次都是他一个男人，联谊着一大群女人。

随着李煜一声令下，化着浓浓烟熏妆，穿着统一舞服的江南佳人迈着整齐的步伐款款而来，乌黑的秀发、曼妙的身姿、雪白的长腿，无一不刺激着李煜的灵魂。

美人们整齐划一地款款施礼，齐刷刷地轻启朱唇，唱出了李煜新填的一首词：

"晚妆初了明肌雪，春殿嫔娥鱼贯列。笙箫声断水云间，重按霓裳歌遍彻。临春谁更飘香屑，醉拍阑干情味切。归时休放烛花红，待踏马蹄清夜月。"

第二天，日上三竿，阳光洒在李煜的眉宇之间，他不情愿地睁开迷离的双眼，想起昨夜的如梦如幻，随即高喊："睡什么睡啊，起来玩！"

皇上没有玩够，美女们赶紧行动起来，她们迈着美人步再次走入皇宫大礼堂，重新把瑞兽金炉中的檀香点燃，青烟缓缓升起，偌大的皇宫宛如天上人间。

其中有一位极美的姑娘，她以帛缠足，站在六尺高的金莲花台，将纤纤小脚弯成月牙状，再穿上白色的素袜，在莲中翩翩起舞，有飘摇若仙之姿、凌云飞舞之态。

姑娘以一双细嫩挑巧的金莲，深得后主的喜爱，于是国内名媛闺秀争相仿效，缠足之风瞬间吹遍南唐。

这就是三寸金莲的出处。

当然，吃喝玩乐之余，李煜也会偶尔关心一下国家大事，毕竟占着茅坑，不能一直不如厕。

在一次醉生梦死之后，李煜可能觉得有点良心谴责，就问一位比较正直的大臣："我们已经过上了小康生活，老百姓脱贫了没有？"

大臣一听，嘿呦，什么风把我们的皇帝吹醒了？于是趁着李煜尚在觉悟阶段，赶紧汇报："皇上，老百姓日子不好过啊……"一股脑全说了出来。

据不可靠资料显示，这位大臣得过"演讲者请就位"冠军，直说得李煜泪湿衣袖，当即拍板："把国家的土地分租给人民耕种，拿出十分之一的租地钱给干部们涨薪水！"

话音刚落，全国上下一片叫好，齐夸李煜的英敏领导。

李煜虽然不是一个正经的人，但他从来都是一个善良的人。

李煜不光对自己的臣民善良，他几乎对所有人都善良。每当有重刑犯需要他签字执行死刑的时候，李煜都会暗中抹泪："都是爸爸妈妈的心肝小宝贝，为什么要我下令杀他们呢？"

怀揣着这种想法，李煜微服巡视监狱，对犯人们进行重审，下达慎用死刑的最高指示。

在李煜菩萨心肠的感化之下，犯人们集体觉悟了，大家纷纷表示，再也不作奸犯科了，说话不算是小狗。

李煜非常满意地点点头，大手一挥："知错能改，善莫大焉，悔过者全部释放！"

李煜巡视完监狱，回到宫中，一边下棋，一边听下属汇报工作，他表示：只工作不玩耍，再聪明的皇帝也变傻。

可是皇上，你每天大多时间都在玩耍好吗？一位耿直的大臣听他讲着歪理，心头火起，按捺不住，飞起一脚踢在棋盘上，给李煜来了个"大珠小珠落玉盘"。

李煜当时也炸毛了："嘿，你个龟孙，弄啥嘞？"

这事儿如果要是让朱元璋遇上，十八族都杀没了，可李煜多么善良，气消了以后，无罪释放——爱卿你该吃吃该喝喝，开心上班，快乐回家，朕永不追究！

善良固然是一种非常美好的品德，可皇帝也要有皇帝的威严不是吗？当皇帝的如果太过善良，往往不会有好下场。李后主啊李后主，你看看隔壁的赵光义，人家那才叫皇帝。

绣床斜凭娇无那，笑向檀郎唾

——晓妆初过，沉檀轻注些儿个。向人微露丁香颗，一曲清歌，暂引樱桃破。罗袖裛残殷色可，杯深旋被香醪涴。绣床斜凭娇无那，烂嚼红茸，笑向檀郎唾。

顺便提几句，咱们今天说起李煜，一般都认为他是千古词帝。但事实上，这个好评基本上是基于他亡国后所创作的诗词，而他早期的作品格调就非常……一般了，比如上面这首《一斛珠》，大家可以轻微脑补一下：

千娇百媚的大周后斜倚在绣床上，在他面前微启朱唇，浅吟低唱，唱着唱着不小心咬碎了红茸，含娇带嗔地呸了李煜一脸，"哼，都怪你"……哎呀简直无法直视，这波狗粮撒的，真无语！

李煜写这首词的时候，和大周后刚刚新婚不久，两个人整天耳鬓厮磨，享受着快乐的生活。

大周后，名宪，字娥皇，南唐大臣周宗的长女，长得花容月貌，气质高雅，棋艺精湛，史书上说她"晓书史，善歌舞，精音律，尤以弹琵琶见长"。她的妹妹后来也嫁给李煜并封为后。后人为了区分她们两人，称姐为大周后，妹为小周后。

公元954年，在李璟的亲自主持下，大周后与李煜成婚，这一年大周后19岁，李煜小她一岁。李璟很喜欢这个儿子，对他的婚事也颇为重视。此前，大周后曾到宫中演奏过琵琶，李璟听后赞不绝口，将宫中至宝烧槽琵琶赏赐给了她。可见，李璟对这位儿媳妇相当满意。

大周后嫁给李煜之后就受到了专宠。虽然李煜女人很多，但只有大周后一人能与他精神相通。

据说，有一天，大周后和李煜月夜赏雪饮宴，酒至半酣，大周后要李煜起舞助兴。

微微有些醉意的李煜笑着说道："要我起舞也可以，只要你能谱出新曲来，我就能随曲起舞。"

大周后微微一笑，看不起女人是不是？当即命人取来笔墨，只见她"喉无滞音，笔无停思"，一会儿工夫就谱了一首新曲。

李煜接过新曲一看，谱得太好了！立即让乐师演奏，自己则随着乐声舞了起来。大周后所作的这首曲子也因此被称为《邀醉舞破》。

这年的七夕前夕，李煜让人在碧萝宫内造了一座富丽堂皇的月宫。七夕这天，无数美女扮成小仙女的样子，奏演《霓裳羽衣曲》，李煜则带着大周后观看饮乐，直到很晚才散去。

谁知老天嫉恨多情人，七夕后不久，大周后竟得了重病，这可急坏了李煜，日夜陪伴在妻子的身边，亲自照顾饮食，汤药也必定亲口尝过再喂妻子服下。这样的暖男，即使在当下也是不多见的！

然而李煜的温暖并没有感动无情的苍天，大周后的病一天重似一天，而幼子的夭折更是雪上加霜，令大周后哀苦剧增，眼看就不行了。

据说，大周后死前还遭受了无法释怀的伤害。陆游的《昭惠传》披露了事发细节：

周后病了，这一次，她没叫娘家人进宫伺候，想不到，她竟鬼使神差地撞见了妹妹周薇——这就奇怪了！妹妹进宫探视，自己怎么事先不知道呢？女人的敏感令周后疑心顿起，便不动声色地问妹妹："你什么时候来的？"

周薇显然是李煜私下叫来幽会的，这个女孩当时只有15岁，少不更事，还不知道怎么睁眼说瞎话，姐姐一问，便羞红了脸，如实招认："已经进宫很多天了。"

一句话，五雷轰顶！周后的病情急转直下。她悲愤地躺在床上，不吱声，不扭头，没过多久，这位风华绝代的佳人便香消玉殒了。

死前，周后亲手将烧槽琵琶和一直戴在手臂上的玉环留给李煜为念，然后沐浴更衣，化好妆，并亲手将玉蝉含放进口中，随后静静逝去。

周后死了，李煜悲伤难抑，他木立了许久，突然一个急转身，就要跳井自杀，幸亏众人死死拦下。稳定了情绪以后，李煜亲撰诔文，作《昭惠周后诔》，对两人曾经的恩爱生活做了具体生动的描写，读者无不为之动容。

周后的死，令李煜的词风也有了转变。从香艳旖旎，到感伤悲切，一切皆因情起。是周后开启了李煜的灵思，让他无意中做了"词中之帝"，虽为亡国之君，却被后世推崇到诸多帝王之上。

奴为出来难，教君恣意怜

——花明月暗笼轻雾，今宵好向郎边去。刬袜步香阶，手提金缕鞋。画堂南畔见，一向偎人颤。奴为出来难，教君恣意怜。

这首《菩萨蛮》是李煜为小周后所作，格调更……一般，大家还是不要脑补了。

李煜与大周后结婚时，小周后年仅 5 岁。史书上并没有记载她的名字，（有一说，名周嘉敏或周薇，字女英）。咱们就叫她周薇吧，这两个字好打。

时光如水，岁月如歌，10 年后，当年那个俊美稚嫩的小女孩已出落成婀娜多姿的花季少女。周薇天生活泼，美丽可爱，深受李煜母亲的喜爱，时常派人接她到宫中小住。周薇酷似初入宫时的姐姐，只是她比姐姐更年轻、更活泼。

那年，29 岁的大周后突然生病，久治不愈。李煜十分着急，便召大周后的家属入宫探视。大周后的父母携带次女入宫，返还时，留下周薇在宫中照顾姐姐。

这天中午，午睡之后，李煜身着便装去看望周薇。为了给周薇一个意外的惊喜，他不让宫女通报，径直走向画堂。来到画堂门口，室内一片寂静，原来周薇午睡未醒。他悄悄掀起竹帘向里观看，眼睛瞬间就移不开了——

只见周薇，身着睡衣躺在绣榻之上，睡衣薄如蝉翼，若隐若现，那醉人的曲线随着少女均匀的呼吸慢慢起伏，浓密、乌黑的秀发散铺在锦床上，少女特有的体香一缕缕地传来。

纵然李煜曾历阅风月无数，都不曾见过如此可惊为天人的美人睡姿。当下李煜不由得如痴如醉血脉偾张，更想近前看个真切，便掀帘而进，却不料碰响了珠锁，发出了虽然不大而在他听来却是震撼心魄的响声……周薇猛然惊醒，扭头一看，姐夫正尴尬地站在门口……

　　李煜回到澄心堂，回想这次与周薇的会面，一时心潮难平，便填写了一首《菩萨蛮》：

　　蓬莱院闭天台女，画堂昼寝无人语。

　　抛枕翠云光，绣衣闻异香。

　　潜来珠锁动，恨觉银屏梦。

　　脸慢笑盈盈，相看无限情。

　　写好之后，李煜派宫女把这首词送给周薇。聪慧的周薇瞬间明白了姐夫的心意，尤其那一句"相看无限情"，写得多么含蓄，又多么浓烈，多么引人遐思啊！

　　情窦初开的少女，怎能抵挡这位风月老手的攻势？再说，姐夫有权有钱有颜，又是名满天下的才子，她喜欢还来不及呢，哪舍得轻慢、拒绝？于是，二人制造了一场满城风雨的后宫丑闻。

　　这天，李煜写了密信约周薇月夜到御苑红罗小亭。红罗小亭罩以红罗，装饰着玳瑁象牙，雕镂得极其华丽，内置一榻，榻上铺着鸳绮鹤绫，锦簇珠光，生辉焕彩。只是面积狭小，仅可容两人休息。李煜平时遇到美貌的宫女，便引至亭内，对人家不文明，所以亭中都时时备有床榻、锦衾绣褥等床上用品。

　　接到密信，周薇很是兴奋，只恨时间走得真慢，怎么还不到约定时间呢？这是周薇首次和李煜幽会。

　　三更之后，月光朦胧，万籁俱寂，周薇轻出画堂，按照送信宫人的指引慢慢向移风殿走去，只是脚下的金缕鞋发出有规律的响声，让她感到惊心动魄，只好脱下金缕鞋，提在手上，前瞻后顾地向红罗小亭走去。

周薇但见内中地方虽小，却收拾得金碧辉煌，设着珊瑚床，悬着碧纱帐，锦衾高叠，绣褥重茵，又有月色朦胧，不禁十分好奇。突然间，她察觉有一男人悄然从纱帐中快速逼近，周薇定睛一看，来人正是姐夫！

周薇不觉红潮晕颊，李煜早已执定了周薇的纤手。当周薇惊悟一切，已然无处可以藏身，不觉娇羞无地。李煜没工夫再言语，只是紧紧地把她抱在怀里，然后万般柔情地拥着周薇走向绣榻，二人度过了一个难忘的不眠之夜……

李煜是个风流天子，得着小姨子周薇这样的美貌可人儿与自己有了私情，心中得意非凡，少不得又要借诗抒情了，便形诸笔墨，填了《菩萨蛮》词一阕，把自己和小姨子的私情，尽情描写出来。

当时，李煜每有新作，便会迅速传出宫廷，流布坊间，成为当年的流行歌曲。忽然，宫廷内外唱红了一首《菩萨蛮》，绘声绘色地描写少女如何偷情、怎样约会。这种小调怎会出自君王之手呢？大周后刚拿到歌词，便微蹙蛾眉，细细地揣摩。很显然，这样的词风不是李煜还有谁？可是，他为何突发奇想，把小姑娘那点儿私事儿写得惟妙惟肖呢？莫非，这首小词背后，还隐藏着什么不可告人的秘密？

于是大周后旁敲侧击："老公，看你词里风月无限，春意绵绵，你是不是有别人了？"

李煜："你要相信我。"

李煜撒谎脸都不红……当然，也只有李煜知道，歌词背后，隐藏着一张怎样妩媚的脸。

据说，正是这件事惹得大周后病入膏肓，最终香消玉殒。

周后离世的第二年，李煜的母亲钟氏也走了。尽丧之后，李煜很快将周薇立为继室，成了名正言顺的南唐王后。此后的日子里，二人极尽绸缪缱绻，身为国主的李煜，心思都用到这位小姨子身上，哪里还有治国问政的闲暇？

李煜毕竟是个大才子，他和小周后的爱情生活过得十分精致，不像陈后主、隋炀帝那样唯以纵欲为乐。为了博得周薇的欢心，李煜可谓煞费苦心。据说，李煜费了许多时日，用比头发丝还细的金线亲手为周薇编织了一顶镏金凤冠，周薇见到此冠时，惊得目瞪口呆，如此奇巧之物出自一个帝王之手，实在无法想象。仅此一例，二人之欢爱旖旎便可想而知。

只是，欢乐的时光转瞬即逝。烟雨江南，郎情妾意，他们是幸福的，这幸福亦是如此短暂。大军压境，他们的美梦也醒了。

最是仓皇辞庙日，教坊犹奏别离歌

——四十年来家国，三千里地山河。凤阁龙楼连霄汉，玉树琼枝作烟萝，几曾识干戈？一旦归为臣虏，沈腰潘鬓消磨。最是仓皇辞庙日，教坊犹奏别离歌，垂泪对宫娥。

公元 974 年，北宋杀过长江天险，直扑江南。李煜选了一个不太聪明的人去和谈。

赵匡胤心思急转，想到一出阴招——离间。

赵匡胤："赵普啊，南唐谁干架最厉害？"

赵普："禀陛下，是林仁肇！"

赵匡胤于是命人贿赂林仁肇的随从，得到他的画像挂在宫中，故意让李煜的使者看一回高清。

南唐使者："咦，林将军的画像怎么会挂在这里？"

赵匡胤："你说林虎子啊，那是我哥们，你们不知道吗？我都在京城给他买好房子了，等事办完了，他就来开封。"

南唐使者回去就把这件事禀报给了李煜。

其实细一推敲这个事情，但凡大脑发育健全的人恐怕都不会相信吧？

林仁肇要是真的准备投诚，赵匡胤还会明目张胆地走漏风声？可是，我们的李后主就是信了，而且深信不疑并且怒不可遏，结合之前林仁肇请求率队收复淮南之事，李煜恍然大悟：

好啊林仁肇！你跟我说什么要收复淮南以报皇恩，杀身成仁舍生取义，我差点就信了，把我感动得差点为你做首词。原来你小子是想带着朕的兵马去投靠赵匡胤！既然你对我不忠不义，就别怪我对你国法无情，去死吧你！

这个愚蠢的使者和愚蠢的李煜先后中计，林仁肇含冤受屈，魂归故里，根本没处讲道理。

南唐最能干架的人就这么没了，只剩李煜一只青铜带着一帮战五渣。

此时，李煜也做了必要的人事调整。他把军务委派给皇甫继勋，擢升陈乔、张洎协理政务，还命徐元瑀做内殿传诏。在军事上，李煜吟诗作赋的天才根本就派不上用场，他只能倚重这几位似乎可以信赖的大臣。很遗憾，他是政治上的"二把刀"，那些被提拔起来的新贵也是能力有限。

宋唐战场上，南唐军队被打得哭爹喊娘，连连溃败，徐元瑀等人却把十万火急的战报扣压起来。李煜好像浑然不知被软禁，依然醉在小周后的温柔乡里。尽管这个风情万种的小美女不能替自己分担国政，但是她一颦一笑、一吟一唱，都叫他心驰神往。美人在侧，还不够吗？足够了！李煜和周薇脉脉含情地凝望着，会心地一笑，杯中酒，又干了。

周薇兀自陪李煜快活，征服者已杀到了门前。"王师屯城南十里，闭门守陴，国主犹不知也。"国主被弄臣骗到这个份儿上，简直是笑话。宋军已清晰地望见了金陵垛口，城里竟然传出了丝竹管弦、划拳行令的声音——老天爷，钢刀都架到脖子上了，李煜君臣还有心思玩儿呢！

当北宋的叫骂声在家门口响起，李煜总算清醒了，他觉得自己被深深辜负，立马诛杀了皇甫继勋和徐元瑀，并重新调整人事。此后，双方展开为期一年的拉锯战。

李煜虽然治国很菜，却是南唐军民眼中的真爱。南唐军民、金陵父老表示说：我们会永远守护哥哥！皇上，我们愿意为你死三次！

只可惜，大势所趋，一切都来不及了。当年 11 月，金陵陷落。为南唐殉国的将士们、为帝王殉道的臣僚们，纷纷倒在了李煜眼前。

那一天，万里乌云仿佛摇摇欲坠，李煜为了不使金陵成为涂炭战场，他光着膀子、背着荆条走出城门，向宋朝军队献上了娇嫩的膝盖。

他按照宋朝的要求，率领王公后妃、百官僚属在江边码头集结，登上宋船北上。数月后，李煜来到开封，朝觐赵匡胤，得到了一个带有极大侮辱性的封爵"违命侯"，还要违心叩头谢恩，高呼万岁。

为了后唐百姓，李煜肉袒而出城投降，以换取百姓平安，这份勇气还是值得赞赏的，在最后时刻，李煜终于做了回有骨气的大男人。

"四十年来家国，三千里地山河。凤阁龙楼连霄汉，玉树琼枝作烟萝，几曾识干戈？一旦归为臣虏，沈腰潘鬓消磨。最是仓皇辞庙日，教坊犹奏别离歌，垂泪对宫娥。"写完降表以后，李煜还不忘发挥一下自己的诗词造诣，写下了这首《破阵子》。

都当了亡国之君，还忘不了跟女人们掉眼泪。李煜难当大事的品性，颇似怡红公子那类角色。当君主，确实阴差阳错。

问君能有几多愁，绿发冲冠插满头

就在南唐亡国的这年冬天，赵匡胤在"烛光斧影"中，在万岁殿不明不白地崩了，赵光义遂将李煜由违命侯改封为陇西郡公。表面上看，似乎提高了李煜的身份，然而事实没有这么简单。

宋朝有一个很奇怪的风俗，每逢节假日和纪念日，有封号的官员太太都要进宫参拜一下皇族成员，咱也不知道宋朝皇帝制定这个规矩到底是何居心。这年的正月十五，按规矩，小周后要随朝廷命妇进宫拜贺。

就是那晚，赵光义对周薇一见之下，惊为天人。最后居然舔着老脸，强行留下了周薇……

据当时的宫廷画师讲述，周薇拼命反抗，誓死不从，差点把赵光义舌头咬掉。赵光义被咬得满口流血，恼羞成怒，一不做二不休，叫来四五个宫女死死按住了周薇，终于得逞。

这边李煜见周薇自元宵节入宫，过了数日，还不回来，急得像热锅上的蚂蚁，在家中恨声叹气，走来踱去。他想要到宫门前去问，又因被软禁不敢私自出外，只得眼巴巴地盼着。

一直至正月将尽，周薇才从宋宫中被放出来。李煜如获全宝，连忙将花容憔悴的周薇迎入房中，赔着笑脸，问她为什么去了这么多天。不问还好，这一问，周薇便将身体倒在床上，掩面抽泣。李煜心里"咯噔"一下，料定其中必定有事，但见周薇哭得厉害，也不敢再追问，只怕更伤美人。

待到夜间行将就寝，李煜悄声向周薇细问情由。周薇终放声痛哭，大骂李煜之声远闻于墙外："你当初只图快乐，不知求治，以致国亡家破，做了降虏，使我受此羞辱。你还要问什么？"

李煜顿时什么都明白了，但软弱的他只得低头忍受，宛转避去，心虚得一言也不敢出口。

自此，尝到甜头的赵光义常以要皇后与众命妇磋商女红或赏花为名，强召周薇及众命妇一起入宫。闻名于天下的绝色美人小周后入宫"参拜皇后"之后，赵光义都要将她多"挽留"数日。

然而，赵光义越来越贪婪，他并不满足于只在逢年过节约谈周薇，他想到了一个很变态的主意——事先招来数名宫廷御用画师如此这般一番，等召见周薇的时候，让他们躲在宫纬之后——赵光义要让他们把现场给描绘下来！

这就是中国历史上最著名的情色画之一《熙陵幸小周后图》，"熙陵"是指赵光义，因为他死后葬在河南巩县的永熙陵。元人冯海粟在图上题诗："江南剩得李花开，也被君王强折来；怪底金风冲地起，御园红紫满龙堆。"

周薇一被召去便是多日，使得一往情深的伉俪，咫尺天涯，难以相聚。

周薇虽然恨李煜无能使自己受苦，但毕竟是多年恩爱夫妻且现今寄人篱下共患难，也只有认命了。小周后每次入宫归来，都要扑在李煜的怀中，向他哭诉赵光义对她的无耻威逼和野蛮摧残。而李煜只能望着周薇那充满屈辱和痛苦的泪眼，唉声叹气，自惭自责地陪着她悄悄流泪。除此之外，还能有什么办法？

透过字面，我们似乎能听见小周后声嘶力竭、声泪俱下的疯狂宣泄。而面对小周后的詈骂，懦弱的李煜只能选择沉默。即便如此，被爱麻醉了的小周后还是不忍抛弃他，以为自己忍受屈辱就能换来李煜的苟且偷生。

然而，他们都想简单了。

公元 978 年，七夕，李煜生日。他回忆起在江南的时节，群臣祝贺，赐酒赐宴，歌舞欢饮。现在孤零零的夫妻二人，比起囚犯，只少了脚镣手铐，好生伤感，触动愁肠，一齐倾泻出来。先填一阕忆江南的小令：

多少恨！昨夜梦魂中，还记旧时游上苑，车如流水马如龙，花月正春风。

填完之后，胸中的悲愤，还未发泄尽净。他看着日渐老去的自己，想起自己曾经的帝王才子风花雪月的生活，想起曾经给予自己无限快乐的大周后，又想起自己成为亡国奴之后屈辱的生活，想到自己的国家，想到自己的子民，想到因自己而受辱的周薇，想到自己的江山故国早已物是人非，巨大的失落感就使得他心力交瘁，无穷无尽的愁与恨，就像泛着春潮的大江流水，在他的胸膛里翻滚激荡。胸中的悲愤，那些痛苦的、快乐的记忆汇到一起，一齐倾泻出来——

"春花秋月何时了，往事知多少。小楼昨夜又东风，故国不堪回首月明中。雕栏玉砌应犹在，只是朱颜改。问君能有几多愁，恰似一江春水向东流。"

词史上最感人，成就也最高的千古绝唱——《虞美人》就此诞生。

周薇读罢，恐招来不测，提醒丈夫，怕被耳目听去，惹出是非。李煜

惨然一笑，终于又狂放了一回："万古到头归一死，醉乡葬地有高原。"自己忍辱多年，依然亡国被俘，欺凌受尽，何怕之有？这个手无缚鸡之力的文人书生，曾经君王，也只能用诗词这样的东西为自己的尊严，为自己的家国，为自己的爱人，以生命为代价做最后抗争。

词刚唱罢，赵光义就收到消息，闻得"故国"句，勃然大怒："他还不忘江南，若不将他除去，必为后患！"其实心中暗喜，终于有理由独占周薇了！

当下，赵光义决定让毫不知情的赵廷美代表他前去祝寿，并赐一剂"牵机妙药"，供李煜和酒服后扶摇星汉，观赏织女牵机织布，以解胸中郁闷。

李煜饮了御酒，初时并不觉得怎样，还和周薇饮酒谈笑。不料到了夜间，忽然肢体抽搐，从床上跃起，大叫了一声，手脚忽�忽曲，头或俯或仰，面色改变身子头首相接作牵引织机动作数十次，好似牵机一般，不能停止。

周薇吓得魂飞魄散，双手抱住了李煜，哭着问他何处难受。李煜口不能言，只把头俯仰不休，如此的样子又数十次，忽然倒在床上，头依偎周薇怀里，已是气息全无痛苦而亡了。能死在最爱人的怀里，李煜总算不失其浪漫才子本色，勉强算死得其所。

一代词帝，终此尔尔。

李煜死后，凄美的周薇失魂落魄，悲不自胜。她整日不理云鬓，不思茶饭，以泪洗面。自此之后，赵光义仍时时寻机要强召周薇入宫。周薇悲愤难禁，宁死不从，终日守在丈夫灵前。短短几个月后，周薇终因经不起悲苦哀愁与绝望惊惧的折磨，于当年自杀身亡，追随李煜而去，可见彼此相爱之深。一代佳人香消玉殒。

血流成川！契丹与中原
相爱相杀那些年

萧燕燕莞尔一笑："他强任他强，我用兰陵王……不对，是清风拂山岗。我不管你几路大军扑过来，我只一路重兵推回去！你们宋军平时依关傍险守个边境都费劲，现在跑到燕云十六州来打平原攻坚战？谁给你们这么大的自信？你们要是拿不下幽州作为支点，来多少人我灭多少人！"

……

从部落到帝国，只需一个帅小伙

关于辽国的起源，契丹人是这样说的：

相传有一位久居天宫的小仙女因为空虚寂寞冷，骑着青牛来到白山黑水之间，偶遇一位座驾是白色宝马的仙富帅，两个人四目相对的一刹那，便开始相爱了。

紧接着，他们迅速将青牛和白马赶走，然后就开始生孩子，一共生了8个，后来繁衍生息，族属越来越多，分成了悉万丹部、何大何部、伏弗郁部、羽陵部、日连部、匹絜部、黎部、吐六於部等八部。

当然，这一看就是在吹牛，大家当个故事听听就得了。

契丹在没建国之前，一直采用民主选举制推选领导人，由八部共选，三年一换届，谁是公认的拳头硬，谁就当大汗。

在唐朝末年，契丹迭剌部出现了一位非常厉害的年轻人，他有个特殊的能力——能打，非常能打！

按照《辽史》记载：此人身高九尺，目光如电，能开三百斤大弓。妥妥的一位猛人！

这个猛人芳名耶律阿保机。

耶律阿保机从成年开始，他就只专注一件事——打！打跪了小黄室韦，打跪了越兀、打跪了兀古、打跪了六奚，打跪了女真，后来打嗨了，直接打到中原，在刘仁恭手上抢了几座城池，抓了近10万俘虏，以及无数猪马牛羊。

由于战绩太过辉煌，年仅31岁，耶律阿保机就被任命为契丹最高军事指挥官，成了全契丹最靓的仔！

公元 907 年，契丹可汗痕德堇走了，耶律阿保机因为最能带领大伙打架，抢东西，被契丹八部共推为新任领导人。

公元 907 年，画个重点，这是中国历史上非常重要的一年。这一年，朱温篡唐，唐朝灭亡，也是在这一年，耶律阿保机登上汗位，从此契丹与中原展开了长达 200 多年的霸主争夺战。

这种巧合也使后来的契丹人产生了一种错觉，认为自己是无缝对接的唐朝，认定自己才是中国的正统，为了宣传自己的正统性，耶律氏还把自己的祖宗追溯到了神农氏，神农氏对于这种碰瓷事件，也是不胜其烦，非常无奈。

耶律阿保机执政以后，继续坚定不移地打架，打得契丹实力不断壮大，打得周边国家都对他又恨又怕，打得大家紧紧围绕在可汗的周围吃香喝辣。

不过，此时的契丹依旧只是一个部落联盟，远远达不到一个帝国的标准。正因如此，野心勃勃的耶律阿保机感到非常不满足，当他把契丹带领到足以与后梁、后唐对抗的高度时，一个大胆的想法在他头脑中产生了——他要建立一个和中原政权一样的王朝！

既然要建王朝，那么落后的制度肯定要改一改，比如可汗选举制，是的，他要学习中原的皇帝，将可汗位世袭。

所以在三年任期结束时，耶律阿保机大手一挥："不用选了，我受累一点，接着干！"

这样一搞，大家都不干了——在契丹人的传统规矩中，可汗或部落首领的位置一向不是父传子，而是谁能打，谁能带领大家抢物资，谁就当老大。换句话说，头领轮流坐，有能者居之。而耶律阿保机不肯退位让贤，就等于强行剥夺了所有候选人的合法权益，这种自私的、可耻的行径遭到了大家的一致鄙视和抵制，首先发难的就是他的那帮亲兄弟。

公元 911 年，阿保机的四位弟弟——刺葛、迭剌、寅底石、安端相约

共举大事，准备为契丹人民匡扶正义，结果还没找到合适的动手时机，就被安端他媳妇给举报了！

这事儿耶律阿保机本来就理亏，又不忍心杀害自己的弟弟们，于是把他们叫到山顶上，大家一边拿刀子捅牲口一边发誓，以后一吵架就喊停，谁也不许给谁坏心情。完事握手言和，就此翻篇。

结果刚刚过了一年，弟弟们完全忘记了誓言，继续相约造反，耶律阿保机这次采取了暴力镇压，平叛后依然不杀，希望他们好好反省，改过自新。

到了公元913年，又该重选大汗了，耶律阿保机故伎重施："说过不用选啦，我继续辛苦，继续干。"

这回连他叔叔都看不过眼了，耶律辖底大叔和侄子们相约再次造反，这次动静闹得比较大，逼得耶律阿保机不得不采取血腥镇压，结果叔被处死，弟弟们依然被宽恕，不得不说，与中原的皇帝们相比，耶律阿保机对兄弟已经非常宽容了。

时间转眼来到了公元916年，第三次大汗选举即将来临之际，眼看耶律阿保机是彻底不准备交权了，契丹其余七部的贵族们终于也忍无可忍了，他们联手搞事，在耶律阿保机打架归来的途中把他截住了，表示你要是不交权，我们就集体跟你玩命。

耶律阿保机这时还不具备碾压七部的实力，也深知"人在矮檐下，不得不认怂"的道理，于是干脆利落地表示："我当可汗九年了，真心累了，也该歇歇了，大家看这样好不好，我领着我的部族找个地方过日子，契丹国的发展壮大就交给你们了！"

七部首领完全没有想到事情这么顺利就解决了，而且耶律阿保机竟然只提出这么一个小小的要求，谁能不同意呢，于是大家欣然同意了。

耶律阿保机带着他的部族以及这些年抢掠、归附来的汉人一路向西，来到河北承德一带当年一个叫炭山的地方，这里不产木炭，但产盐，而且既适合放牧又适合农耕，他们在这里建了一座简易汉城，休养生息，积累实力，没多久就又发展壮大了。

耶律阿保机是一个不折不扣的野心家，但凡野心家都是不甘于平庸的，所以他在实力壮大以后又开始琢磨怎样才能夺回汗权。

耶律阿保机的老婆述律平是一个非常厉害的女人，心慧心细心狠，心狠到什么程度呢？后文再说！却说述律平见老公每天为夺权愁眉不展，头发一薅一大把，于是在一次晚饭过后附在耶律阿保机耳边说："老公，听过鸿门宴没？他们七家都要用我们的盐，你可以……"

耶律阿保机听着听着眼睛就亮了："媳妇，你老牛了！捏捏脸蛋么么哒！"

第二天，耶律阿保机派出使者前往契丹七部，对他们说："你们都吃我们家的盐，是不是应该吃盐不忘卖盐人啊，这么地，你们找时间带些礼物来犒劳犒劳我。其实啊，我也是有点想大家伙了，不过是想借此机会跟大家喝顿酒罢了。"

七部酋长也是够实在的，根本没往阴谋诡计那方面想，约了个日子，带着礼物就一起来了，结果被团灭，都死在了述律平导演的鸿门宴中。一时间契丹七部群龙无首，耶律阿保机趁机一统契丹八部，随即乘势称帝，这一年，契丹国正式建国。

耶律阿保机建国称帝后继续打，和李存勖打，和突厥打，和吐谷浑打，和党项打，和沙陀诸部打，而且一边打架，一边还抽出时间和精力搞点创新发明。

比如他将国家政体分为北院和南院，北院大王继续实行游牧文化，管理北边部族事务；南院大王，就是萧峰那个职位，实行汉人行政方式，负责管理以汉人为主的南方国际事务。这就是1000多年前的"一个国家，两种管理制度"，够先进的吧？

公元926年，耶律阿保机打了他生命中的最后一架，兼并了同在东北

地区的渤海国。

渤海国不大，但这个国家很有钱，社会制度也很先进，他们早早就建立了一个中央集权的文明社会，京都府州一应俱全，国民以农耕为业而非游牧，基本就是一个迷你版的中原王朝。

然而，有钱归有钱，文明人打架干不过流氓，耶律阿保机先生仅用两个月就把这个文明社会给兼并了，随后，他将渤海国改为东丹国，意即东契丹国。让皇太子耶律倍任东丹王，管理东丹事务。此时，耶律阿保机已将势力扩大到了渤海沿岸。同时，他又在黑龙江和乌苏里江流域广置官府，实施实际管理，从而结束了唐末以来东北地区的分裂局面，重新实现了东北统一。

结果在班师回朝的途中，耶律阿保机不知道患上了一种什么病，在吉林四平附近突然驾崩，享年55岁。谥大圣皇帝，庙号太祖。

据说，耶律阿保机在三年之前就已经预测到了自己的死期，此事件非常诡异离奇，但谁也不知道当时到底发生了什么。

总之，耶律阿保机在位期间，契丹发生了质的变化，他们有了文字，有了法律，有了正规军队，有了文官制度，初步完成了从野蛮社会到文明社会的蜕变，及至赵匡胤发动陈桥驿兵变、建立北宋时，一个正规的、强悍的辽帝国已经屹立在他的东北方了。

要不然，把皇上做成"靶"吧？

耶律阿保机生前对巩固君权进行的一系列操作，在他生前确实起到了不错的效果，接班人得到明确指定，选举制度被强行弱化，可是他一归天，又一夜回到了从前。

按照耶律阿保机生前的设想，自己一死，太子继位，按部就班，合理合法，但现实狠狠抽了皇太子一耳光。

皇太子耶律倍，虽然是土生土长的契丹人，但自幼跟随父亲接触的汉族文人比较多，因而受了一定程度的汉化，性格温文尔雅，精通诗词歌画，他这种艺术特质，即便放在中原也不是皇帝的上好人选，更何况在以"彪悍"为荣耀的契丹。

我们前文说了，游牧民族的想法很实际，谁能带领大家抢物资，保证大家不饿肚子，他们就认谁当老大。所以想做契丹人公认的老大，首先要有一个突出的能力——能打。

耶律倍在这方面并不出色，他弟弟耶律德光却很出色，耶律德光不仅能打，还有个非常拉风的头衔——天下兵马大元帅！在耶律阿保机执政的最后几年里，耶律德光率领军队四处征伐，为契丹国立下了赫赫战功。

目前的情况是，皇太子作为法定继承人，于情于理于法，都应该继位登基；然而，出于契丹人的传统观念，天下兵马大元帅的拥护者也非常多，这其中就包括他们共同的母亲述律平。

于是，契丹历史上出现了非常神奇而且非常尴尬的一幕——耶律阿保机都走一年多了，契丹国却一直没有皇帝。

皇太子耶律倍想继位，但以他妈妈为首的一众部落首领坚决不同意；天下兵马大元帅耶律德光也想继位，但耶律阿保机生前的忠实拥趸们同样坚决反对，两边人就这样杠上了。

现在我们可以说说述律平有多狠了！

耶律阿保机死后，他媳妇述律平临朝摄政，为了立威，也为了实现自己的易储大计，她干了一件连后来的南汉变态小伙刘鋹都自叹弗如的事情。

那是耶律阿保机尸骨还未寒的时候，述律平跟皇太子的拥护者们说："先皇生前对你们不薄，现在他去了，你们想他吗？"

这个问题你让别人怎么回答，当然只能说想，于是"既然想他就去看看他吧"，皇太子的拥趸们就这样被她简单粗暴地干掉了。

简单粗暴还在继续，接下来，述律平看谁不顺眼就用类似的恶搞操作干掉他，不是让对方去陪先帝，就是让对方帮忙给老公带个话，陆陆续续杀了100多人……

有一天，这个倒霉差事落到了耶律阿保机生前颇为器重的汉人辽臣赵思温身上，可赵思温没活够他不想死，于是索性心一横决定挣扎一下，找各种理由拒绝去给远在西天的耶律阿保机带话——如果不拒绝，一定是个死；拒绝，最坏的结果也是个死，横竖最坏的结果都是死，为什么不试试能不能置之死地而后生呢？

述律平见赵思温不肯就范，邪魅地一笑，阴恻恻地问道："先皇对你那么好，那么信任，对你委以重任，你受伤还亲自给你上药，你为什么不肯去见他呢？你这家伙好没有良心哦！"

赵思温听到这话眼前一亮，没错，他抓到了述律平话中的把柄，他略一施礼朗声说道："要说与先帝关系亲近，我们谁能与太后您相提并论呢？您要是亲自去见先皇，老臣一定紧随其后。"

这场景看起来像是在表演二人转，笑点低的人保不齐都会笑场，但实际上当时的气氛是非常紧张的，群臣虽然心中暗爽，都觉得赵思温怼得非常给力，但没有人敢站出来声援他，全场顿时鸦雀无声。

赵思温此时就如行走在悬空的绳索上，每个下一秒都有可能粉身碎骨，而绳索的一端就牢牢掌控在述律平手中。

被将军的述律平微微愣了一会儿，要说玩文字游戏她的确玩不过汉人，只见她缓缓抽出腰间的佩刀，就在大家以为她要杀人的时候，突然间，白光一闪，手起刀落，血光四射，述律平将自己的右手齐腕剁了下来，在众人的惊呼声中，述律平平静地说："其实我也想去见先帝的，只是我的孩子还小，就让我的这只手先去陪先帝吧。"

事情闹到这个份上，述律平自然也不好再以"见先帝"的理由找碴杀人了，试想别人要是纷纷效仿赵思温，她有多少只手够自残的呢？赵思温也因此逃过一劫。不过，述律平的狠劲头倒是让满朝文武都冷汗直流——这娘们狠起来连自己的手都敢剁，千万别惹，别惹！所以直到她被囚禁前，她的主张别人都不敢再违抗。

顺便提一句，述律平断腕这年，她的儿子耶律倍 27 岁，耶律德光 24 岁，小儿子耶律李胡也 15 岁了。这要是小孩子，该称之为巨婴了吧。

述律平断腕之后，契丹的朝局瞬间就明朗了，之前拥护耶律倍的人几乎都被她送去见先皇了，侥幸活下来的人看到太后这么狠，也不敢再有异议，所以谁当皇帝已经成了板上钉钉的事儿，不过述律平非要走个过场给自己立牌坊。

述律平把所有够级别的官员招来开会，对他们说："按照咱们契丹人的老规矩，现在请大家来做一次公开、透明、合法、合理的皇位选举，我的大儿子和小儿子就站在你们面前，你们支持谁就去牵谁的马，亲们，决定权在你们手里！"

决定权真的在干部们手里吗？当然，因为大家都自动自觉地去牵耶律德光的马了，这个时候谁要是支持耶律倍，那肯定是有轻生的念头在作祟。

就这样，耶律德光成为契丹的第二位皇帝，史称辽太宗。

当了皇帝，耶律德光心中仍然非常不安，毕竟哥哥耶律倍还是东丹国的人皇王呢，这对皇位可是实实在在的威胁。所以在耶律德光执政的前几年，干的最多的就两件事：祭拜他爹，去他哥家里蹭饭。说白了，就是看似温柔的监视。

皇位被抢本来心里就很窝囊，现在当个藩王还要被防范和监视，耶律倍也是个要自尊的人，于是就跑了，带着金银细软、琴棋书画和他最宠爱的小老婆渡海去了后唐，大老婆和孩子全撇在了契丹。

当时的后唐皇帝李嗣源以天子礼仪接待了他，还给他赐名李赞华。

再说耶律德光，在逼走哥哥巩固皇权之后，开始向他爹一样四处攻伐，把周边胆敢作对的势力都给打服了，他的野心开始延向中原的燕云十六州。

后来发生的事情前文已经讲过，石敬瑭为了保住小命，主动去抱契丹的大腿，割让燕云十六州，并认耶律德光作爸爸。

耶律德光觉得这种"喜当爹"的买卖特别划算，于是派人帮石敬瑭干掉了李从珂，从此，燕云十六州落入了契丹人手中。

燕云十六州虽然地盘不是特别大，但它的战略位置非常重要，这里有长城、燕山、太行山，自古便是中原政权抵御北方游牧民族的重要军事屏障，这个地方一旦被北方游牧民族所控制，就好像你家的钥匙被别人拿在手里一样，别人可以随时进出。

这把钥匙后来让柴荣和赵匡胤抓狂不已，他们一辈子最想干的事就是把这把钥匙抢回来，但是都非常遗憾地失败了，这也为北宋对辽战争的一次次惨败以及后来的灭亡埋下了伏笔。

顺便提一句，石敬瑭称帝后，为了讨好他的耶律爸爸，顺手宰了耶律倍。

石敬瑭死后，他儿子石重贵作死主动挑衅契丹，惹恼了耶律德光，于是被灭国。耶律德光来到中原后，发现这里粮多钱多美女多，索性不走了，在中原称帝，改国号辽，结果被中原人民前仆后继的揭竿而起赶了回去。

耶律德光中途崩殂，客死异乡，临死前他振作精神，总结了一下自己入主中原失败的原因，他说："朕少年征战，所向披靡，拔晋易汉，虎视天下，本以为一统江山指日可待，但是这次我错了。我错在不应该纵兵搜刮百姓钱财；不应该纵兵强抢百姓粮食；不应该刚愎自用，不早点派节度使们回去治理各镇。正是因为我这三个错误，使中原人归顺了我，又背叛了我。"

耶律德光说得没错，可惜他觉悟得有点太晚了，如果他早想到这几点，恐怕历史上就不会出现大一统的宋朝了。

耶律德光觉悟后没多久，就带着满腔的遗憾和不甘死不瞑目地去了。当时正值盛夏，天气极度炎热，尸体极易腐烂，根本无法带回契丹安葬。正在文武百官不知如何是好的时候，一个厨子站了出来，他说："要不然，把皇上做成'羓'吧。"

"羓"是什么呢？

我们知道，北方游牧民族喜欢吃牛羊肉，有时候夏天杀了一头牛或者一头羊，一时吃不掉，坏了又可惜，他们就把牛羊的内脏掏空，用盐腌制，这个盐卤干尸就叫作"羓"，相当于中原地区的腊肉。

这个想法一提出来，大家都纷纷摇头，说这不是把皇帝当牲口处理吗？这太丧心病狂了！然而众位大臣抓破头皮想了半天，也没想出比厨子更好的办法，那就只能……丧心病狂了。于是由厨子主刀，将耶律德光的尸体做成了"羓"。但这不是一般的"羓"，是"帝羓"，中华上下五千年仅此一具！

大事不好了！吾皇让厨子给杀啦！

耶律德光死后没多久，辽军南征诸将随即拥立随军出征的永康王耶律阮为帝，是为辽世宗。

这个耶律阮和耶律德光是什么关系呢？他不是耶律德光的儿子，而是他的侄子，他的父亲就是仓皇跑路的耶律倍。

当年耶律倍出逃以后，耶律德光就把这个大侄子养在身边，行军打仗都带着他，视如己出，这一点要比李世民、赵光义这些人做得好太多了。

而事实上，众武将拥立耶律阮也是有原因的。

其实，早在耶律德光活着的时候，他的妈妈述律平太后就已经为他选好了皇位继承人，这个人同样不是耶律德光的儿子，而是他妈妈的儿子——耶律德光的三弟耶律李胡。此时的耶律李胡是大辽皇太弟兼天下兵马大元帅，妥妥的"隐皇储"。

但是，这个耶律李胡人品不好，从行为上看，他才是三个儿子中唯一继承述律平"优良"基因的人，就连整人、杀人都比他妈妈更会玩花样。他小怒，就拿刀子在人脸上涂鸦；大怒，就将人扔进水里或火里玩虐杀。辽国上下无不对其咬牙切齿，但又无可奈何。

述律平的狠绝已经让人汗毛倒竖，这要是再加上一个丧心病狂的耶律李胡，再像上次那样玩一出"集体见先皇"，恐怕随军出征的各位一个都跑不了。于是大家一拍即合，决定趁国内的"灭绝师太"和"暴力小王子"还没反应过来，先下手为强……大辽的第三位皇帝辽世宗就在这种情况下诞生了。

消息传到中央，述律平娘俩当时就炸了——这不是明目张胆的造反吗?! 老太太当即叫儿子带兵去抢皇位，结果暴力小王子够暴戾却不够武力，气急败坏地铩羽而归。

耶律李胡回到京城，将拥护耶律阮的干部家属全部禁室饲育，并对看守者说："我要是再输，就把他们全干掉!"

这一次，述律平亲自挂帅，带着小儿子和大孙子隔河对峙。自己和小儿子这边，是辽国的留后部队；而大孙子那边，是身经百战的大辽军事精锐，实力高下立判。然而述律平这边有人质啊——大孙子，敢打吗? 是，打起来我们可能不占上风，但你们即使打赢了，赢去的也只是全家老小的尸体!

一场血腥的残杀即将在辽国皇室内部展开，形势异常危急。如果当时真打起来，大辽估计转眼就衰落了，他们在历史上的定位大概不会比突厥强太多。

那么，他们当时为什么没有打起来呢？因为有一个威武雄壮的汉子站了出来，他在紧急关头置自身安危于不顾，以大局为重，充分发挥其调停和斡旋的才能，使辽国顺利渡过了这场危机。

这个威武雄壮的汉子叫耶律屋质，也是一位皇族成员。

当时，耶律屋质跟随在灭绝师太述律平左右，他眼见形势危急，为避免战争对契丹造成严重的伤亡和内耗，他毅然决然地站了出来，他既不畏述律平母子的猜疑，也不惧耶律阮的威势，完美地扮演了和事佬的角色，终于说服了双方坐下来和谈。

双方见面后，他指出了是述律平当年的错误导致了今日的皇位之争，也批评耶律阮在礼法上的过失；同时利用双方都不想打仗的心理，威胁说如果双方依旧固执己见、专务互撕，那就别谈了，赶紧干架才是正经事儿。最终，祖孙俩相互妥协，耶律阮的皇位被祖母承认，一场一触即发的内战总算是在剑拔弩张的最后关头平息了。

然而，述律平并没有放弃让爱子为君的念头，她不甘心让耶律阮把皇帝一直当下去，于是利用自己的影响力暗中策划政变，结果还没来得及发动，就被人举报了。耶律阮先下手为强，将奶奶和叔叔强行软禁起来，软禁到死。

然后，耶律阮的皇位就此安稳了吗？想得美！

耶律德光的妈妈和弟弟闹完了，他的儿子耶律天德又来闹："我爸爸的皇位，凭什么不是我接班？"于是准备谋反，事情败露被处死。

耶律德光的妈妈、弟弟、儿子闹完，他的叔叔耶律安端和表兄弟萧翰接着闹……总之，在大辽当皇帝就一个字——累——时时刻刻要提防着身边的叔叔兄弟弄死自己，耶律阮最终也没能逃脱被弄死的命运。

公元 951 年秋，耶律阮准备御驾亲征去找后周干架，在出征前夕，他依照惯例去祭祖，然后就发生了热播剧《燕云台》最开始的那一幕，他在毫无防备的情况下被耶律安端的儿子、泰宁王耶律察割弑杀，享年 33 岁。

却说耶律阿保机当年顾及亲情放过了弟弟们，可弟弟们和他们的孩子们始终没有咽下这口恶气，皇位都传到第三代了，他们依然在想着夺回曾经属于自己的东西。

此时此刻，上次拯救辽国的那个威武雄壮的汉子再次拯救了辽国，没错，还是耶律屋质！他于乱战之中瞅准时机溜了出去，然后果断集结周边军队迅速平乱。此时，耶律阮的儿子都还没有成年，于是耶律屋质又和一帮老同事果断拥立耶律德光的儿子耶律璟为帝，以最快的速度稳定了辽国政局。

然而耶律屋质没有想到，他这次的拥立失策了……

耶律璟，江湖人称"睡王"，平生三大爱好——喝酒、杀人、睡觉。大家不要脑补太多，耶律璟这个睡觉就是纯粹的睡觉，事实上他不好女色也无子嗣，因此坊间传言他可能存在生理问题，当然这只是一个猜测。

耶律璟在位 19 年，辽国一直没有消停，不是叛乱就是杀戮。这家伙一点不像他爸爸耶律德光，倒是更像他三叔耶律李胡，至于其中是否隐藏了巨大的信息，无从得知。

耶律璟完全可以用杀人不眨眼来形容，他滥杀无辜的累累罪行简直罄竹难书。

他还酗酒成性，经常大醉不醒，对国事的态度忽冷忽热，而且酒品非常不好，喝醉了就恣意施暴。后来大概他自己也意识到问题的严重性，因此曾告诉一些近臣不要执行他酒后的命令，等他醒酒后再复审，可是，当时若不执行君令，那不也是找死吗？更可笑的是，他还经常让大家伙给他提意见，这实在是自欺欺人，因为，谁敢提啊？！

耶律璟在位期间，大辽国力急转直下，柴荣趁机领兵大举北伐，赵匡胤和韩通等将领水陆并进，先后拿下益津关、瓦桥关和淤口关，北伐形势一片大好，不是小好，可惜柴荣身体不好，英年早逝，赵匡胤则忙着回去"陈桥驿兵变"去了。

赵匡胤建宋以后，在统一南北的问题上采取了先南后北的策略。按照当时的情况来看，这个策略没有什么问题，唯一的问题就是丧失了伐辽的良机，等他平定南方以后，再回过头想统一北方时，辽国已经再次雄起了，从此成为北宋的噩梦。

公元 969 年，就在赵匡胤攻打北汉前夕，耶律璟带人去内蒙古境内狩猎，这一天他很在状态，亲手射杀了一头黑熊，这么威武的事情当然要喝酒庆祝一番，他又醉了，生命也最终定格在了这一晚。

关于耶律璟被行刺的具体原因，官媒上没好意思做详细记载。据说也是合该他死，这位"睡王"同志竟然在半夜里被饥饿感弄醒了，睁开眼就让人把白天射杀的那头黑熊给他炖了吃。虽然我们都没吃过黑熊，但不用细想也知道，这个庞然大物要剥皮、收拾、煮熟，一定要花费不少时间。结果耶律璟等不及了，勃然大怒，扬言要把侍从、厨师全部杀死。

于是侍从和厨师抓狂了，大家凑一起一商量，横竖都是个死，不如来个绝地反击，死也要拉个皇帝当垫背，主意拿定，大家一起上阵，手起刀落，结果了这位暴君的性命。

消息传出，满朝文武无不暗地叫好，可脸上还要做出一副如丧考妣的表情，大家怀着十分敬佩的心情送几位英雄上了路。

第二天一早，耶律贤带人赶到了行营，见到叔叔两肋插刀的尸体痛哭不已，随即被群臣拥立为辽国新任皇帝，是为辽景宗。

耶律贤是上上任大辽皇帝耶律阮的次子，耶律倍的亲孙子，从此以后，辽国皇帝全部出自耶律倍一脉，这位大辽开国皇太子虽然自己没当成皇帝，他的后人却在这方面弥补了他所有的遗憾。

耶律贤就是在高梁河之战中差点没把赵光义干死的那位，他的老婆的名气更大，她叫萧绰，又名萧燕燕！

这一次，决不能再听他瞎指挥了！

高梁河之战，差点没被耶律贤干死的赵光义狼狈逃到定州后，因为担心契丹人进行报复，于是在定州、镇州、关南三地布下重兵把守。契丹人果然没让赵光义失望，耶律贤趁胜派军队南下，准备先攻满城，后取镇州，再逐鹿中原，于是宋辽双方爆发了满城大战！

大概连赵光义自己都没想到，他原本只是布置了一个防御战，将士们却送给他一个前所未有的大捷，这对赵光义来说绝对是意料之外的惊喜。那么问题来了，北宋军队本身战斗力就差强人意，又刚刚被狠狠修理了一顿，为何能在满城之战中绝地反击呢？说出来挺搞笑的，这次胜利竟是因为将领们违抗圣旨所致。

原来，赵光义这人有一个毛病，好大喜功还爱吹牛，当然，他毛病很多，咱们现在就单说吹牛这个。

赵光义常把自己比作战神，他曾把儿子们叫到一起，然后开始吹嘘："你们老子我从小弓马娴熟，屡次披挂上阵，一射箭，死一片！咱们大宋每次打仗，你们老子即便坐镇千里之外，依然能够运筹帷幄，那些带兵的人要是不听我的安排，一准大败！"

这时身边的近臣、近侍也赶紧捧臭脚："陛下料敌如神，制胜千里，是天赐的才能，我们这些凡人是肯定比不了的！"

"哎呀你看看，瞎说啥大实话，低调，调低，赏……"君臣和谐，气氛极好。

说白了，赵光义就是喜欢干干预将领前线指挥的破事，他一闲下来就搁那像模像样地研究兵法，然后制作阵图，赐给远在千里之外的将领们，要求将领们按照图纸排兵布阵，根据皇上的旨意取得胜利。

这种做法，要是在实力碾压对手的情况下毫无问题，闭着眼睛都能打胜的仗，大家哄哄皇上开心不是挺好吗？但要是双方实力旗鼓相当……具体可参考赵光义亲自指挥的高梁河惨败。

满城之战，赵光义伤疤没好就忘了痛，又给前方将领赐阵图，分为八阵，让大家遵旨作战。宋辽双方在战场上拉开架势以后，宋军这边按照皇上特赐的阵图布好了阵，将领们突然发现这个阵图有问题——各阵之间相距较远，将士们容易被分割包围。

右将军赵延进最先发现了这个问题，他找到主将崔翰，表示要是按照皇上的旨意办，咱们这次都得完蛋。

崔翰不敢抗旨，毕竟谁不知道赵光义心狠手辣，你按照他的旨意办，打输了他多少也有点责任，不会赶尽杀绝；可你要是抗旨又战败，那责任就全是自己的了，什么结果自己想吧！

这时监军李继隆站了出来，他说："别犹豫了，再犹豫咱们都得死！战场情况瞬息万变，为将者只能随机应变，哪能提前做好阵图按部就班？抗旨这事儿皇上要是追究下来，哥们我一个人顶着！"

李继隆是赵光义的大舅哥，赵延进是赵光义的连襟，有了这两个人的支持，为了千千万万的将士，崔翰也豁出去了，把阵图小心翼翼地往兜里一揣，将军队由八阵改为两阵。

同时，他们还派人去辽营那边诈降，辽军主帅韩匡嗣信了，放松戒备，准备接受宋将投降。但耶律休哥非常冷静，认为事出反常必有妖，这反而是宋军准备进攻的信号，应该加强戒备，严阵以待。但韩匡嗣是主帅，还是萧燕燕初恋韩德让的父亲，本身又是燕王，耶律休哥拗不过他，结果被深深鄙视了一下，只好赶回本部独自备战。

事实狠狠打了韩匡嗣的脸，没过多久，宋军大阵开始推进，扬尘蔽空，

号令声、步伐声交替如雷，把韩匡嗣当场就吓傻了。此时，崔彦进部又在辽军背后出现，断了北归之路，辽军顿时大乱。宋军步骑趁机切入砍杀，辽军丢弃战马铠甲，往西山坑谷中逃走，宋军一直追击至遂城，斩首万余级、马千余匹，生擒将军三名，俘获老幼三万余人，军器甲仗不计其数。

韩匡嗣丢弃主帅旗鼓，向东连夜遁入易州。唯有耶律休哥、耶律抹只整军迎战，边打边撤，徐徐退出了战场。而在雁门关战场，耶律善补也被杨业击败，得知主战部队同样溃败后，慌忙逃窜。

宋军获此大捷，赵光义当然不好意思再去追究诸将的抗旨之罪，当然，他也没有反思自己的行为。

另一边的耶律贤则勃然大怒，斥韩匡嗣五大罪状，恨不得杀了他才解气，幸亏萧燕燕帮她曾经未过门的公公求情，才免于一死，但仍被降级处理。

耶律休哥，临危不惧，表现优异，被耶律贤确定为大辽第一良将，任北院大王，总管南面军务，成为对宋战争的总指挥。

至此，宋辽双方各送对方一次大败，基本确定了以西路雁门关和南路瓦桥（雄州）、益津（霸州）、歧沟（涿州）三关为界，以后的大战也主要在这几处展开。

厉兵秣马，北伐！不好意思，输啦！

满城大捷着实让辽国吃了一个大瘪，辽景宗耶律贤作为土生土长的东北人，此仇不报，他心中实属憋屈，于是在接下来的一段时间里，光御驾亲征耶律贤就搞了两次，虽说也没把北宋怎么样，但每每此时，赵光义都会想起自己屁股上的伤痛，心中也是难受至极。

公元 982 年，大辽中兴之主耶律贤英年早逝，这个男人以其雄厚的个人威望，让大辽一直处于下风的父子世袭制雄起了一把，死后将皇位传给了长子耶律隆绪，是为辽圣宗。辽圣宗是辽国历史上第一个未成年皇帝，继位时只有 12 岁。

这段时期，赵光义也把可能对他皇位造成威胁的亲人都清理干净了，然后又通过几次大规模的科考，笼络了整个大宋朝的读书人，国内对他的质疑声渐小，他的君主威望渐高，此时的他踌躇满志，就差以武功来洗刷昔日高梁河之耻了！

恰好此时，赵光义听闻大辽第一美人萧燕燕死了老公，觉得人家孤儿寡母好欺负，就铆足了劲想要和人家大战一场。

萧燕燕作为一个刚刚死了老公、孩子尚在幼龄的年轻女人，国内有一帮叔叔大爷、大伯哥、小叔子对他们母子虎视眈眈，国外的高丽人和女真人也在蠢蠢欲动，此时她不想和赵光义妄动干戈。

对此，赵光义表示"呵呵"。当初你们都把我屁股打开花了，怎么还追着打呢？当年我从高梁河回来的时候，你们怎么不止干戈呢？现在你们家死人了，就说止干戈，你说止干戈就止干戈？打，给我往死里打！

公元 986 年初，赵光义发动大规模对辽战争，史称"雍熙北伐。"

这一次，赵光义充分吸取了上一次失败的沉痛教训，出征前先遣使去渤海和高丽，约两家一起动手，对辽国进行三面夹击。但两家都觉得赵光义此举并不靠谱，没有答应他。

你们不打我自己打，打完辽国再打你们！赵光义将兵分三路：东路军由曹彬、米信分别统领，向霸州、雄县方向推进；中路军由田重进统领，出兵涞源；西路军以潘美为主帅，杨业为副帅，攻打雁门关。三路大军共聚精兵 20 万，赵光义为了雪耻，是把自己的家底都押上了！

在赵光义"运筹帷幄之中，决胜千里之外"的伟大构想中，宋军三路

大军齐发，辽军必然顾此失彼，只能集中优势兵力防守幽州。这样一来，曹彬与米信就可以在霸州、雄县附近对敌人的主战兵团形成有效钳制，潘美、杨业则在雁门关以优对劣，大开杀戒，而田重进负责在涞源附近拦截援军，为大家创造有利的作战条件。最后，等把外围辽军杀得差不多了，三路大军合兵一处，一举拿下幽州！完美！

萧燕燕莞尔一笑："他强任他强，我用兰陵王……不对，是清风拂山岗。我不管你几路大军扑过来，我只一路重兵推回去！你们宋军平时依关傍险守个边境都费劲，现在跑到燕云十六州来打平原攻坚战？谁给你们这么大的自信？你们要是拿不下幽州作为支点，来多少人我灭多少人！"

所以辽军就像赵光义设想的那样，将自己的重点作战目标放在了曹彬身上。萧大美女果断派大辽军事支柱耶律休哥前去对战曹彬，让耶律抹只带领骑兵作为援军给耶律休哥打辅助，自己则带着儿子组建战略预备队，准备御驾亲征。至于潘美、杨业、田重进，就让耶律斜轸带点人去和他们打着玩吧，胜负不重要，只要形成有效钳制就行。

于是，两边的最高领导人都把厚望寄托在了曹彬身上，曹彬表示，我压力很大啊！

战斗如期打响，各路宋军迅速转入进攻，起初进展得颇为顺利。

西路军潘美、杨业出雁门关西口北上，败辽军一部，斩首500余级，神卫右第二军都指挥薛超在寰州再败辽军，辽国寰州刺史赵彦辛投降。

3月13日，西路宋军占领朔州；3月19日占领应州；4月13日占领云州，军锋直指蔚州。

3月9日，田重进进军飞狐北，辽国冀州防御使大鹏翼率军2万人迎战，双方鏖战至日暮，辽军大败，大鹏翼被生擒；

3月23日，辽国飞狐守将吕行德率部向田重进投降；

3月28日，灵丘守将穆超率部向田重进投降；

4月17日，蔚州左右都押牙李存璋、许彦钦杀节度使萧啜里，率部向田重进投降。

中路军曹彬所部 3 月 5 日占领固安，3 月 13 日占领涿州，3 月 17 日，曹彬以勇将李继宣为前锋，率轻骑渡过涿水，歼灭辽军千余人，斩辽国奚部宰相贺斯。

这一阶段，辽国援军未到，耶律休哥兵力不足，所以他不与曹彬正面硬刚，只是想方设法迟滞曹彬的军事行动，昼出精锐虚张声势，夜遣轻骑袭扰捣乱，同时，又派部分兵力设伏曹彬侧后，断了曹彬的粮道。

这一招立竿见影！曹彬原本的战略相持任务做得很好，10 万大军占据涿州与耶律休哥隔着涿水大眼瞪小眼，但相持任务做得再好，没有吃的也相持不下去啊。于是曹彬权衡利弊，决定退守雄州。

曹彬的想法不无道理，涿州这个地方无险可守，只要恢复粮草供应，随时都可以再夺回来。但如果在一无粮草二无援兵的情况下死守城池，导致 10 万大军被辽军打围，那麻烦可就大了！于是他暂退一步。

但赵光义的老毛病又犯了，他在千里之外的开封向瞬息万变的战场发布最高指令："曹彬你脑子瓦特了？！哪有敌军在前，自己往回跑取补给的道理？再退一步老子剐了你！你赶快去跟米信汇合，然后按照朕当初提出的伟大战略构想与耶律休哥继续对峙！"

曹彬领旨，率军沿白沟河行进，准备去与米信汇合，但他的部下们不干了！大家觉得，三路大军相比，咱们东路军猛将最多，实力最强，可开战以来就在敌人边上蹭来蹭去，一点像样的事儿都没干成！你看看人家中路军和西路军，打得那叫一个嗨，战功都让他们抢去了！曹彬你还是不是个爷们？你还能不能带着大家干点事业了？

曹彬心里暗自憋屈，这是皇上的安排我有什么办法？但是他这个人耳根子软，部下一再怂恿他就从了，率军携带仅剩的五日余粮从白沟再次北上，跑去再打涿州。时值酷暑，行军艰难，耶律休哥又沿路伏兵不断骚扰，曹彬军且战且行，渴了没水还得打井，好不容易到达涿州城，已经人困马

乏，战斗力大减。

然后他们定睛一看，萧燕燕什么时候来的！

这时，萧燕燕已经带着儿子御驾亲征到涿州以东 50 里处，即将与耶律休哥对曹彬形成钳击之势，形势大不妙，不是小不妙，撤退成了曹彬唯一的选择。临撤之时，曹彬本想留下部将卢斌率一万"大军"守城，向皇上和百姓表示一下自己部队死战到底的气节，告诉大家，我们并不是不战而遁，我们是战略性转移！但卢斌不愿当替死鬼，固拒。

然而萧燕燕怎么可能让曹彬顺顺利利地撤走——小娘说止干戈，止干戈，你们非要动干戈，现在小娘带人打过来了，你们占点便宜就想走？不行，这次非要打个你死我活！于是一声令下，耶律休哥带着辽国生力骑兵一路尾随，边追边杀，边杀边追，一直追杀到歧沟关，辽军吹响了总攻的号角，曹彬军尸横遍野！

是夜，深夜，曹彬收拾残兵，准备趁着夜色强渡拒马河，再次被耶律休哥大开杀戒，尸体阻断沙河使水不流，被丢弃的戈甲累若山丘。

战后，辽军打扫战场，耶律休哥将宋军尸体堆成高山炫耀战功，辽朝上下齐声狂赞，萧燕燕代子下旨，晋升耶律休哥为宋国王，并为他举办再生礼（辽国旧俗，专指皇帝过本命年），耶律休哥也成为辽国历史上唯一举办过再生礼的臣子。

赵光义得知大军惨败，又羞又恼，破口大骂："要不是你们这群方脑壳各自为战，不按照朕的完美计划来，咱能败吗！"

赵普随后上书，委婉地提醒赵光义"这事儿你也有错"，建议他先修德政、再议征伐。表面上，赵光义接受了批评，甚至"推诚悔过"，但这些都是伪装，等曹彬、米信等人逃回后，他立刻撕下了假面具，下令将这些败将全部羁押，准备处死，多亏众人苦劝，曹彬等人才留下一命，但皆被贬职。

歧沟关之战，辽军大胜虽然是拜赵光义、曹彬的错误所致，但最根本的原因还是萧燕燕、耶律休哥的指挥有方，能抢在宋军合击之前集中兵力，在平原开阔地带以骑兵不断袭扰，在宋军仓促撤退之时，又敢于全师追击，力求扩大战果，给宋军主力以歼灭性的打击，由此改变了整个宋辽战争的态势，此役后，北宋完全丧失了对辽战略进攻的能力，被迫转入战略防御。

至此，赵光义的完美计划彻底破产，但赵光义还想挣扎一下——我的部下不遵我旨意，才被你们侥幸获胜！行！我认栽！我撤军！但你们也别想捞到多少好处！潘美、杨业你们去把云、朔、寰、应四州百姓都给朕迁回来，朕要让这帮契丹人拿回去一片白地！

结果这一撤，又出事了。

杨业血洒雁门关，潘美背锅一千年

却说潘美军接到赵光义护送百姓撤退的命令时，辽国十几万大军已经展开了全线反击，攻破寰州。与潘美军对比，辽军在兵力上占有很大优势。

副将杨业针对己方"迁移百姓，不需对敌"的任务实际，向潘美建议，兵至应州，诱引辽军向东，以保障百姓沿石碣谷南撤，并设弓弩手于谷口，骑兵居中接应，遏阻辽军南下。杨业与辽国交锋多年，深知边境地理，做出的判断非常正确，也非常可行。

但这个靠谱的建议却遭到了监军王侁和刘文裕的顽固反对，王侁说："我们有几万兄弟，怕他作甚？我们只管沿着雁门大路大摇大摆地走，让契丹人动一个试试！"

杨业急了："你这不是欠揍行为吗？不会打仗你就别吱声行不！"

王侁反唇相讥："哎哟，你不是号称'杨无敌'吗？怎么敌人一多你就

怂了？你是不是另有打算呀？"

杨业本来就是个降将，这句话刺激到了他的痛点，使他丧失了理智，于是赌气说："行，我作为一个降将，不拿鸡蛋磕石头，我就是有二心是吧！我只是不想让兄弟们白白送死！你们一定要打，我来打头阵！给兄弟们当人肉盾！"

潘美爱惜杨业是个难得的将才，本来不同意他去送死，但有王侁两边扣帽子，最后只能默不作声。

杨业骑虎难下，被迫视死如归。临走时，潘美抓住杨业的缰绳，说道："杨将军此去一定要多多保重，能胜则打，不能胜就跑，别恋战！"接着又问，"我可以帮将军做些什么？"

杨业眼含热泪，托付潘美："兄弟我这次死定了！我本想保留有用之躯，再找时机，奋力杀敌，报效国家，现在大家都责备我惧敌，我不得不先死了。"

接着，他指着前面的陈家峪说："拜托大家在这个谷口两侧设好埋伏，等我败退到此地，你们来个万箭齐发，我再扑杀回去两面夹击，也许有转败为胜的希望。"

潘美表示，哥办事，你放心！

杨业出兵没多远，果然遭到辽军伏击，他带着部属浴血奋战，终究寡不敌众，抵挡不住，只好一边打一边撤，把敌军引向陈家峪。

此时的陈家峪，日落西山，杨业退到谷口，但见两旁静悄悄，连一个宋军的影子都没有！他蒙了……

原来，杨业走后，潘美的确按照约定，将兵马带到陈家峪，准备接应，但等了一天，也没等到杨业的消息。王侁认为，一定是辽兵退了，杨业抢头功去了，催促潘美赶紧拔营行军。

杨业眼见自己被放了鸽子，气得直跺脚，悲愤之余率领部下力战。战斗中，杨业受创几十处，仍保护幸存的兄弟突围，兄弟们不愿意，全部战死。部下战死殆尽后，杨业仍奋战不止，手刃敌军数十人，最后筋疲力尽，被辽军生擒。杨业长子杨延玉、部将王贵、贺怀浦全都力战而死，场面惨烈悲壮。

杨业被俘，辽军兴奋得快要炸营了！这可是如雷贯耳的"杨无敌"啊！耶律斜轸亲自跑来劝降，然而杨业宁死不屈，但求一死，最终绝食三日而亡……

杨业为国战死，赵光义却听信谗言，没有追封他为烈士，抚恤金也只给了五品官位应得的一半。他的妻子余氏不干了，跑去朝堂上访，陈述陈家峪血战真相，赵光义这才下诏表示痛惜，厚恤杨业家属，称杨业"诚坚金石，气傲风云"。

同时，赵光义将潘美连降三级，将王侁、刘文裕削职发配。

给大家做一下人物注释。

杨业，原名杨重贵，本是北汉悍将，刘崇为其赐名刘继业。赵光义灭北汉时，他一直顽固抵抗，厮杀到最后一刻，那边北汉皇帝刘继元都降了，他还在继续战斗。赵光义对他"生死看淡，就是个干"的精神非常欣赏，于是让刘继元给他写信劝降，杨业降宋后，赵光义为他恢复本姓，并将其名改为单名"业"，加以重用。

杨业在新的岗位上兢兢业业，一不怕苦，二不怕累，三不怕牺牲，在对辽大小战斗中立下了赫赫战功，被契丹人尊称为"杨无敌"。

影视剧《杨家将》中的杨令公，正是这位老先生。

潘美，这个人在现代也非常有名气，中国的老百姓可能有人不知道徐达是谁，但一定知道他是谁，因为他还有另一个名字——潘仁美。

很抱歉地说一句，在那部让人热血沸腾的爱国主义和英雄主义教育片《杨家将》中，潘仁美和杨家将之间诸多不共戴天之事，纯属杜撰。

杨业的死虽然与潘美没有坚持在陈家峪接应有很大关系，但他并没有要陷害杨业的意思，更没有要故意置杨业于死地的意图。他的失误在于，

当监军王侁心存私念让他从陈家峪撤军时，潘美没有坚持自己的意见，而是一味听命于王侁，致使杨业兵退陈家峪时没有得到援助。因此，杨业的死，主要责任在王侁，次要责任在潘美。

其实，对于三位当事人王、刘、潘所犯的错误，赵光义在诏书中讲得非常明白。

他给潘美的定性是：陈家峪一役，在杨业需要救援之时，潘美统领的大军，相隔并非遥远，兵员装备又很充足，但没有做出正确的判断，更没有采取有效的措施，导致"陷此生民，失吾骁将"的悲剧发生。潘美的错误很明显，应该依法受到处罚。

诏书对王侁、刘文裕的评判最为严厉：王侁和刘文裕被委以监军重任，理应在合理的范围之内，督促部队严守纪律，鼓舞激励官兵士气，但是他们越权越位，干涉阻挠军事谋划，羞辱逼迫军事将领，刚愎自用，一意孤行。战斗打响之后，让杨业冲锋在前，自己先行退却，所作所为堪称"无公忠之节，有狠戾之愆"。

应该说，赵光义对此事的认定和评判是客观公正的，王侁是这次兵败的祸首。有人分析认为，王侁有通敌的嫌疑，理由是，在此战之前的太平兴国初年（公元975年），契丹来使多为王侁接待，一年中往来数次，王侁返奏皇上所言多为好话。

这种观点很可能影响了赵光义，一年以后，潘美又重新得到重用，刘文裕也被召回京都，只有王侁维持原判。从此，王侁是陷害杨业的主犯成为官方的基调，国史、实录无不受此影响。

不管基本事实如何，有关杨业之死和他与杨业的关系成了潘美一生最大的污点，这一污点后来被不断放大与演绎，潘美的形象离真实越来越远。乃至在《杨家将》中，潘美被彻底丑化为奸邪疾功的大坏蛋。

其实，潘美对宋朝功劳挺大，总体超过杨业。《宋史》传中，潘美位于列传第十七位，而杨业仅在列传三十一，排名差了许多。

潘美戎马一生，也曾立下赫赫战功，可惜晚年因一失足而使北伐大业败于垂成，心中怏怏，一年多以后，便病死于太原。

《杨家将》系列故事，兴于南宋，当时因为政府军战力低下，广大人民希望英雄出现。由于塑造英雄的需要，为了衬托主人公杨继业和其诸子媳的光辉形象，潘美的形象不断向负面演绎。在很多事上，潘美背黑锅了，被妖魔化了。真实的潘美与卖国奸臣的形象大相径庭，相反，他一生对北宋鞠躬尽瘁，死而后已。

不过话又说回来，有些人，尤其是太原人痛恨潘美也不是完全没有道理。故事虽然扭曲了潘美的形象，但可能也是另有原因。

至此，雍熙北伐全面失败，北宋再一次被辽军打了个落花流水。

血战君子馆，北宋差点蚀光本钱

赵光义骄恣继而惶乱的北伐，使契丹人认清了北宋很像一只纸老虎，精明刚毅的萧燕燕因此产生了继承祖先意志，再次入主中原的想法，所以她带着孩子班师回朝以后，立刻命令耶律休哥整修器甲，储备粮食，只等秋高马肥之时，就要大举南征。

北宋这边，北伐的失利，导致了曹彬、米信等很多高级将领被罢黜，一时间边境没有可用良将，赵光义没有办法，只得起用张永德、宋偓、刘廷让等一批后周时期的将领，用来应付紧急的边界情势。

然而，赵光义尚未布置妥当，战略图还没画出来呢，辽国方面已经动了起来。

公元986年，9月16日，刚刚娶了媳妇的辽圣宗耶律隆绪蜜月还没度

完，就赶往儒州，停问小事，专治甲兵，全力备战。

10月17日，耶律隆绪高调向北宋宣战。

10月19日，萧燕燕与耶律隆绪驾临幽州，犒赏从征将校。

11月11日，萧燕燕与耶律隆绪举行南征大阅兵，大军随即开拨。

大概是故意羞辱和报复北宋，此次萧燕燕带娃亲征，也采取了分兵三路的部署：

一路由耶律休哥为先锋都统，率数万骑兵攻满城、望都；

一路由北院大王耶律蒲奴宁率领，攻击和牵制山西方向的宋军；

萧燕燕则带着耶律隆绪亲率主力军团从固安、保州、瀛洲之间南下。

吸取了满城之战的教训，为了不给宋朝准备的机会，同时达到进攻的突然性，萧燕燕下令封锁了辽与北宋交界的疆域，尽可能避免宋军刺探到军事情报。虽然赵光义料到辽军必然南下，也在沧州、瀛洲、定州、代州、高阳关一线建立了军事防御，但是对于辽军南下的时间和兵力部署是不知道的，这也使得宋军误判了辽军兵力。

其实早在11月初，北宋方面就得到了辽军即将南下的情报，但是严密戒备了20多天，除了在边境上与辽军的小股游骑发生了几次小规模战斗以外，根本没发现辽军大举进犯的迹象。赵光义开始沉不住气了，他诏命河北宋军主动出击，试图来个先下手为强，打破敌军的军事部署。

定州田重进接到诏命，率数万人马北上，第二天就一举袭破歧沟关，杀守城辽兵1000余人，随即又收复了雍熙北伐时丢掉的易州。但是，仍然没有找到辽军主力。

难道辽军会土遁？田重进派细作四出探查，才知道契丹大军都屯扎在固安、瓦桥关一带，即将大举进犯。田重进慌了，立即退回定州。

瀛洲刘廷让也在执行赵光义的进攻命令，他高调宣称自己要攻取幽州，但他没有田重进那么幸运，他真把契丹大军招来了！刘廷让当即在君子馆摆开架势：你过来呀！爷自从被释兵权，都13年没带过主力部队了，今天就拿你们辽人的血祭我未老的宝刀吧！

当然，刘廷让也没太飘，他深知自己要面临的是一场恶战，因此分一万精骑兵给沧州李继隆，让他在瀛洲战况紧急时率部增援。

此时，耶律休哥已在望都用"纳降计"擒获了宋雄州刺史贺令图，随即转师东向，与辽主亲领的主力部队会合，准备进攻集结在瀛洲附近的宋军。

腊月初九这天，正是民谚所说的能"冻掉下巴"的时候，天气异常寒冷，但是辽军依然向君子馆的宋军发起了总攻。萧燕燕、耶律隆绪命宰相安宁率领迪离部及三克军殿后，母子二人亲统大军，与耶律休哥的部队共同向宋军发起猛烈进攻。

辽军的铁拳重击首先落在了宋军御前忠佐神勇指挥使桑赞的头上。桑赞率部奋力抵抗，从早晨一直厮杀到下午。强弓硬弩原本是宋军克敌制胜的利器，但宋军将士因衣衫单薄被冻得手木足僵，连弓弩的弦也拉不开，而穿着貂、往来飞驰的大辽骑兵却越战越勇。日暮时分，辽军增援部队源源到来，桑赞支撑不住，跑了。他的败逃，破坏了宋军的防御体系，致使君子馆宋军被辽军重重包围。

深陷重围，使原本在兵力上就处于劣势的宋军处境变得更加凶险，但刘廷让仍然督率部下苦苦支撑。因为他的手里还有一张牌，就是那支拨给李继隆，作为战役预备队的奇兵！可是，他被李继隆放鸽子了！

在宋朝，战友往往是用来放鸽子的。

久候援军不至，宋军战不能胜，突围亦不得出，但契丹人如疾风暴雨般的进攻并没有停止。马蹄荡起的烟尘裹挟着如蝗飞矢，森长的枪矛交织成纷乱的死亡之网，勇气、力量、生命碎散飘荡在滚滚黄尘中……

渐渐地，因整日苦战而疲惫不堪的宋军抵挡不住敌人的快刀骁马，一场交锋逐渐演变成残虐的屠杀。宋军被散乱地分割着、蚕食着，终至彻底崩溃。刘廷让骑着部下战马，仅带了几个随从逃出重围。宋军此战损失惨

重，死者数万人。

君子馆惨败，几乎使河北宋军完全丧失了斗志，各自收缩在坚固城寨内以图自保，而用老百姓当炮灰守御地方。辽军因此得以长驱直入，分兵略地，如入无人之境。

君子馆之战是宋辽战争中的一次重要战役，它与歧沟关之战一道成为北宋对辽从战略进攻转为战略防御的分水岭。君子馆惨败，使北宋立国之初所培植的禁军精锐丧失殆尽，也让一心要廓清北患的赵光义差点蚀光了本钱，从此不敢再做收复燕云十六州的奢想。

内忧外患不断，王朝在党争中苟延残喘

　　这一仗，王小波的起义军打得十分英勇顽强，张玘招架不住，就使坏放冷箭。王小波大意了，没有防备，被冷箭射中前额，但他不顾血流满面，使出霹雳五连鞭，杀退围攻自己的敌人，继续指挥强攻，终于将凶悍的张玘干掉。

　　……

陛下，四川那边又造反了！

赵光义雄心勃勃举兵征辽，结果损兵折将、落花流水，还被人玩了一波反杀，从此没有家底、也没有勇气再跟辽朝干架了。再说，目前国内局势也很不稳定，特别是川蜀地区接二连三爆发的农民起义，搞得宋王朝手忙脚乱，自顾不暇。

唐宋以来，四川就很少受到战乱冲击，就连席卷华夏大地的黄巢起义军也未能攻进四川，所以四川一直很富裕。但是，这里的土地多被地主老财强取豪夺去了，导致贫富差距极大。随着具有缓冲作用的中产阶层日趋消亡，地主老财同封建王朝一起在这块"肥肉"上愈加贪婪肆虐。

青城味江的农民以经营茶叶和手工编织为主业，贩运销售四方，所以这一带是阶级矛盾最尖锐的地区。赵光义贪得无厌，在成都设立"博买务"，垄断茶叶、布帛，明令禁止出境，强行"高称低估"，搞掠夺式经营，简直不给农民兄弟活路。

青城县有个汉子，叫王小波，和他小舅子李顺一起靠贩卖茶叶谋生。赵光义禁止私卖茶叶后，王小波被断了生路，思来想去，觉得战死总比饿死强，决心起义。

公元993年，王小波发表了一场公众演讲："如今，这个扯淡的世道，穷人越来越穷，富人越来越富，实在太不公平了。现在，我们一起来消灭这种不平均的现象，你们说怎么样？"

台下的听众多是茶农和贫农，平时被官府和地主老财百般欺压，极度剥削，早就不想忍了，听了王小波的话，都热烈拥护，纷纷表示：反了，反了！

消息一传开，水深火热的各地农民兄弟都来参加王小波的起义军，不到 10 天的工夫，王小波就有了数万兄弟。

彭山县县令齐元振是个刁钻狠毒的贪官。赵光义禁止地方官员贪污，有一次，他派中央巡视组到四川调查。齐元振得到消息，抢先把赃款赃物分散藏在富商家里。结果巡视组在彭山县查不出蛛丝马迹，回去向赵光义"如实"汇报，赵光义还把齐元振高调嘉奖了一番。

齐元振瞒天过海以后，剥削人民更加肆无忌惮。王小波知道彭山百姓对齐元振恨得咬牙切齿，振臂一呼——走！打彭山去！

彭山劳苦大众对王小波表示了热烈欢迎，男女老少积极响应，起义军很快占领了彭山县城，杀贪官，分赃款。接着，王小波又带兵北上，向江原进攻。驻守江原的宋将张玘奋起反击，双方在江原城外展开一场大战。

这一仗，王小波的起义军打得十分英勇顽强，张玘招架不住，就使坏放冷箭。王小波大意了，没有防备，被冷箭射中前额，但他不顾血流满面，使出霹雳五连鞭，杀退围攻自己的敌人，继续指挥强攻，终于将凶悍的张玘干掉。

起义军占领江原后，王小波因伤势过重，壮烈牺牲。王小波牺牲后，众人推举李顺做了首领，继续带领大家反抗阶级剥削。

在李顺的正确领导之下，起义队伍滚雪球似的发展，实力不断壮大，接连攻下许多城池，杀死了一大批贪官污吏。最后，起义军攻占成都，成都文武官员招架不住，全部跑路。

公元 994 年，李顺在军民的拥护下，建立大蜀政权，称"大蜀王"，他一面整顿人马，一面继续攻占州县。从剑阁到巫峡，到处是起义军的势力。消息传到开封，赵光义大吃一惊，马上开会，商议平叛事宜，最后决定，由大宦官王继恩领兵前往镇压。

王继恩分兵两路，派人从东面堵住巫峡的起义军，自己率领大军向剑门进发。

剑门是西川通向关中的要道。李顺占领成都之后，也派将领进攻剑门，不幸遭到官军阻击，打了败仗。王继恩顺利通过剑门，集合各地宋军，进攻成都。

当时，驻守成都的起义军还有十几万，但在宋军的重兵包围之下，仍然支撑不住，最后惨烈战死 3 万多人，成都城被攻破，李顺也在战斗中英勇牺牲。

民间传说，在成都陷落时，李顺并没有死，他化装成一个和尚，秘密逃了出去，继续率领大家去战斗。宋军进城时，因为找不到李顺，就随便抓了个和他长相相似的人，果断弄死去向皇上交了差。四十年后，在广州街头出现了一个说川普的老大爷，隐隐有王者之气，有人认出他就是李顺，密报官府，老大爷随之被密杀。

当然，这只是个传说，不知真假。

这次起义虽然没有成功，但它迫使宋王朝不得不改变治蜀方针，从"压"变"抚"，四川人多沾的一点"皇恩"，完全是起义军用鲜血换来的。

二哥死大哥疯！继位者赵恒

平定了国内叛乱，此时的赵光义已经年过半百，当年高梁河留下的箭伤与他苦苦纠缠，一不小心就给他来个复发，折磨得他坐卧不安，夜不能寐，身体每况愈下，因此就算他有一百个不愿意，此时也不得不考虑接班人问题了。

赵光义早年曾想立长子元佐为皇储，赵元佐这孩子从小就聪明机警，长得像极了赵光义，一看就是亲生的，因此赵光义非常喜欢他。但这个孩子跟他爹不亲，却跟他四叔最亲，有多亲呢？

当年赵廷美"谋反"事发，满朝文武不是冷眼旁观就是落井下石，只有17岁的赵元佐很傻很天真地为四叔申辩，当然，他断然无法改变他爹的"大公无私"。

公元984年，赵廷美死在房州，消息传来，赵元佐当场就崩溃了，他愤怒到发狂，自己不能控制自己，从此成了暴力性精神病患者，他拿着大宝剑，在王府里看谁不顺眼就比画着要砍谁。这可把赵光义郁闷坏了，跑到楚王府亲自开导儿子，可是他不开导还好，越开导赵元佐越狂躁，他拿着小弓箭，站在高楼上，看见他爸爸亲近的宦官、侍从经过，就"嗖"地来一下子。

赵光义没有放弃，派出国内顶级医疗专家组为儿子看病，赵元佐的病情终于在第二年有所好转，赵光义很高兴，还专门为此大赦天下，然而没过多久，变故发生了。

重阳节那天，赵光义喊儿子们回家吃饭，让二儿子赵元僖主持饭局，大概是考虑到哥哥的病情需要静养，赵元僖就没通知他。散席后众兄弟从赵元佐家门口经过，大家畅谈今天的欢乐，被赵元佐听到了。赵元佐是间歇性疯病，但他也不是傻呢，他知道以后，很生气，气到发狂，纵火焚宫。

赵光义这回绝望了，绝望的赵光义开始绝情，宣布与赵元佐断绝父子关系，并将其幽禁在南宫。

然而神奇的事情出现了，赵光义死后，宋真宗一即位，赵元佐就正常了，从此再未疯魔。后人推测，赵元佐当时根本就没疯，他是不想要这鲜血淋漓的皇位，可是他又能对他爹做什么呢？不能够啊！他只能祸害自己，用疯魔去抗拒他爹，让他爹难受。

赤子之心的老大不稀罕皇位，但老二赵元僖相当、极其、甚是稀罕。

自赵光义和长子断绝父子关系以后，他就把全部的希望寄托在了次子赵元僖身上，赵元僖也很会立人设，在他爹面前既仁义又孝顺，让赵光义多少欣慰了一些，毕竟还是后继有人。

皇上转忧为喜，一些官员也趁机奉承，想赚取个拥立之功。左正言宋沆、尹黄裳、冯拯，右正言王世则、洪湛五人联名上书，请求立二皇子赵元僖为储君。赵光义认为他们手伸得太长，臭骂了一顿，全部驱逐出京。宋沆是宰相吕蒙正老婆的娘家人，老吕也因此受到牵连，被罢相。不过，这并没有影响赵元僖在他老爹心目中的地位。

公元 992 年，这一年对赵光义来说，流年不利，不是小不利，是大不利，这一年发生了太多悲伤的事情，对他造成了 10010 点暴击。

最先出事的是赵普，这个与赵光义相爱相杀半辈子的老头，忽然就去了。虽说生老病死本是人之常情，可关于赵普的死因却众说纷纭。当时最主流的说法是——赵普被赵廷美冤魂索命了！

这个说法对赵光义来说很不友好，毕竟不管赵廷美有没有冤情，把人逼死的罪魁祸首都是他赵光义，又联想到屁股上的伤痛经年未愈，他忐忑了，忍不住去想那些神鬼报应之说。

然而，还没等赵光义从赵普之死中缓过劲来，他寄予厚望的赵元僖又猝然暴亡了。

据说，当天赵元僖上朝时突感不适，被人紧急抬回府中救治，没过多久，就咽下了最后一口气。

赵光义目睹爱子暴亡在眼前，痛苦得不能自抑，号啕大哭，彻底没了皇帝形象，吓得左右不敢直视。

赵元僖死后，赵光义每每想起儿子都一阵心碎，有时甚至流泪到天明，还做《思亡子诗》给臣子们看，夸奖赵元僖是个仁孝恭顺、德才兼备的好孩子。他万万没有想到，打脸来得如此猝不及防。

赵光义丧子之痛的悲伤还没淋漓尽致地表达出来，一个天大的丑闻就砸了过来——有人揭发说，二皇子之死还有隐情。赵光义大惊，忙派自己最信任的王继恩前去调查。王继恩很快就查出了真相——赵元僖，是被他的小老婆错手毒死的！

原来，赵元僖的小老婆张氏是个蛇蝎女人，她原本想用毒酒鸩杀赵元僖原配，自己好取而代之，没想到阴差阳错，赵元僖夫妻俩玩情趣，喝交杯酒，死错了……

更尴尬的还在后面，随着剧情的深入，又有人揭发，当年皇长子二次发疯，是二皇子在后面搞鬼。这个调查结果没有公布，但赵光义收回了追封赵元僖为太子的诏命，仅给予一品卤簿殡葬。

事情到了这个地步，赵光义也没有办法，只能让自己并不太待见的老三赵元侃上位，封他为寿王，加开封府尹——这基本上就是五代到宋初皇储的标配了。

然而，赵光义作为一个权力欲极强的皇帝，他始终不肯官宣赵元侃为太子，这就让皇后李氏和大宦官王继恩有想法了。

李皇后虽然生过一个儿子，但小小年纪就夭折了，她和庶长子赵元佐关系不错，赵元佐的长子赵允升就养在李皇后宫中。所以她希望赵元佐当皇帝，也在情理之中。

而王继恩则觉得，扶持内定的太子登基，显不出自己的功劳，如果支持被幽禁的赵元佐，那情况就大不一样了，他想重演当年，再搏个定策之功。两个人的想法不约而同，一拍即合，他们迅速联络赵元佐之前的支持者，准备为他站台。

这时，一个关键性人物出现了，他坚定了赵光义的决心，保住了赵元侃的地位，这个人叫寇准，不是山西人，是地地道道的陕西人，和很多陕西汉子一样，敢想敢说敢做事，性格倔强爱抬杠。

寇准是国家承认的进士出身，才气逼人，也刚直得咄咄逼人，赵光义对他十分器重，遇到大事总爱找他磋商。这天，赵光义又把寇准叫来了，君臣二人一番虚头巴脑的寒暄，赵光义开腔了："老西啊，立太子这件事你怎么看？"

寇准说："皇上说了算！"

赵光义脸色有点不太好了："老西你什么时候变这么虚了？你还记仇是不是？我跟你说，上次朕贬你实在是因为你太能撕……"

"皇上，臣的意思是，册立皇储，斯事体大，只能您一人做主。至于什么后宫妇人，身边近臣，他们的话都不要听，您自己做主就行，选个天下人都满意的。"

君臣二人相视一笑，一切尽在不言中。

于是至道元年（公元 995 年）八月，赵元侃被册立为太子，改名赵恒。

从立太子到驾崩，赵光义在他人生最后的两年里，又做了两件大事：

一是拉开架势打了一次党项李继迁，结果被李继迁狠狠反击了一波，偷鸡不成蚀 40 万担大米；

二是扶正了人称吕不糊涂的吕端，让他做了宰相。

至于你问为什么这个时候不扶正寇准，不好意思，这哥们因为工作中"歧视南方人"被告，死抓赵光义衣服理论，又一次被贬了……

事后证明，扶正吕端这件事，赵光义干得还是非常漂亮的。

就在赵光义只出气不进气的时候，吕端来到宫中探视，打眼一看——哎呀！皇上这不是要挂了吗！太子呢？太子这个时候怎么可以不在身边呢！吕端感到这里面肯定有事，忙让亲信去通知赵恒入宫。

赵光义一崩，李皇后和王继恩就开始实施自己的计划了。他们计划的第一步，就由王继恩亲自出马，把吕端诓骗入宫，然后加以软禁，到时候他们说一，没有人敢说二，等到生米煮成熟饭，吕端也就只能从了。

这个计划，除了一点没有考虑到以外，简直堪称完美。

那么，李、王二人在哪一点上欠考虑呢？那就是吕端比王继恩智商高！所以你让王继恩去忽悠吕端，能忽悠得住吗？结果王继恩被吕端反骗到诏书阁锁了起来……

接着，吕端返身杀奔宫中："皇后，先皇已死，太子当继，岁在……不是，您老有意见没？"

因为身边没有坚定的支持者，李皇后的战斗力又远不如吕不糊涂，只能表示默许，如果这时李皇后身边有个"张元芳""赵元芳"，就算赵恒是太子，能不能继位还真难说。

公元 997 年，赵恒正式接班，史称宋真宗。

当时，谁也没有想到，宋与辽之间的关系，会在他的手上翻开新的一页……

陛下，又造反了，四川……

辽与宋从赵光义开始，打了将近 1/4 个世纪的仗，直到赵恒继位，仍在打，契丹人仗着骑兵的快速机动能力，动不动就跑到宋朝境内，抢完东西便扬长而去。以步兵为主的宋军，两条腿怎么撵得上四条腿呢？再说就算撵上了，他们也不能怎样，毕竟上头早有命令：尽量避免和契丹人正面冲突，敌人来打砸抢，赶跑就算了，不要给对方大举进犯的借口。

赵恒表示，我爸爸那么牛，都差点没让人打死，我有什么办法呢？

国际事务争端不断，国内事务也不消停。

咸平三年（公元 1000 年），成都神卫军指挥王均，趁上司们搞元旦 Party，喝得昏天黑地，率手下众兄弟发动兵变，大家奋起杀死兵马钤辖符昭寿，迅速占领成都，王均被部众推举为王，称帝建元，国号蜀，建元化顺，成立了与中央政府对立的小朝廷。

王均攻占成都后，成都知州牛冕带着手下迅速跑路，王均率兵攻打绵州、剑门，试图占据四川北部门户，但均未成功，只得再度退回成都。

不过，这时四川各地人民群众的革命热情已经被充分发动，纷纷举旗响应，起义军迅速发展到数万人。

鉴于以往的教训，宋政府对四川地区起义相当重视，赵恒迅速派出雷有终为川陕招安使，率领禁军、川陕各州的兵马，对起义进行大举镇压。

雷有终气势汹汹杀到成都城外。鉴于敌强我弱，王均果断采取迂回战术，开城假作逃跑，实际上埋伏在城内。雷有终率军进城烧杀抢掠，队伍相当混乱。起义军趁机杀出，打了宋军一个措手不及，宋军一时大乱，城门被起义军封死，宋军出不去，大部分被歼灭。雷有终仓皇逃窜，败回汉州。

没过多久，丢了面子的雷有终又回来找面子，率大军折返成都，与起义军对峙。王均从升仙桥分路迎敌，但是没有取胜，损失千余人，只得退守成都。宋军害怕再次中计，也不敢追击。

到了五月份，赵恒开始软硬兼施，说亲爱的起义军朋友们，只要你们愿意接受招安，好处大大地有。起义军抵制住了诱惑，继续与宋军战斗。直到九月间，宋军仍然没能攻下成都。

这时有人出了个主意，说咱们可以乘反贼不备，夜间挖隧道潜入城内，干他个措手不及！大家齐声叫好：你真坏！

这一计策果然起效，起义军被地道战干翻了，成都失陷。王均没有了立足之地，只好带着嫡系部队远遁他乡。

雷有终进入成都后，开始了血腥的大屠杀，城中健壮男子，凡是参加过起义军，或者是帮助过起义军守城，就把他们投到火中活活烧死，恐怖政策整整延续了一个多月，前后烧死数百人。

王均率领嫡系部队逃走后，来到了富顺，准备将这里作为根据地，继续跟政府军对抗。但是政府军没有给他喘息的机会，雷有终派杨怀忠紧紧追着打，由于力量悬殊，政府军很快攻入城内，王均虽然大势已去，但是宁死不屈，于是自己杀死了自己，起义就这样被镇压了下去。

赵恒微微松了一口气，心想自己这个皇帝从继位时起就破事不断，连好好享受一下的机会都没有，现在是不是可以纵情体验一下做皇帝的快乐啦？

想得美！

才赔三十万？你真会办事！

景德元年（公元 1004 年），这一天，宋真宗赵恒刚刚走出宫门，心里还在回味着昨日的美酒与美人，突然有人来报——大辽御姐萧燕燕和妈宝男耶律隆绪又举兵打过来了！

赵恒当时就崩溃了：为什么契丹男人出来茬架，身边总要带着妈呢？主要是他这个妈也太厉害了！

萧燕燕的确厉害，雄才大略，挥兵南指，牧马中原。辽军声势浩大，来势汹汹，二十万大军一路平推，兵临澶渊，掘土筑城，虎视开封。

眼见辽国大军逼近都城，北宋统治集团的高层们慌了，大家凑一起一合议，决定组团南逃，但在"往哪逃"这个问题上，他们发生了分歧：

参知政事王钦若是江南人，所以他主张迁都金陵，而枢密副使陈尧叟是四川人，所以他提议迁都成都。大家各执一词，争来吵去，搞得赵恒头都大了，一时委决不下，最后只好找寇准拿主意。

赵恒："老西……不是，寇爱卿，你觉得咱们应该把都城迁到什么地方好？迁到你们陕西长安怎么样？"

寇准略一沉吟，众人翘首以盼，寇准朗声说道："皇上啊，谁劝你迁都，你应该把他脑袋砍下来当球踢！现在契丹人大兵压境，您要是一迁都，天下人肯定觉得您是在跑路，如此一来，民心势必崩溃，敌人乘虚而入，这天下还能保住吗？"

赵恒："爱卿你的意思是，咱和契丹人死磕？"

寇准："对！使劲磕！往死磕！一磕到底，不要怂！"

赵恒："但咱们貌似磕不过人家啊！"

寇准："怎么会磕不过呢？皇上您英明神武，百官精诚团结，如果您御驾亲征，王气扑面而去，萧燕燕母子还不望风而逃？"

赵恒被寇准一通糖衣炮弹轰得心花有点怒放，但恐惧还是使理智强行占了上风："可是……"

然而寇准却不给他理智的机会："别可是，可什么是，皇上你听我给你分析一下，你看咱们能不能赢。你说，契丹人最厉害的是什么？"

赵恒："母爱的洪荒之力？不不，应该是骑兵。"

寇准："对啊，咱们和辽国打仗，吃亏就吃亏在了军队的机动性上，可是辽国的骑兵再厉害，他还能骑着马把城墙撞开？"

赵恒："爱卿这话说得在理，你接着说。"

寇准："皇上您看，现在的形势是这样的，契丹人的军队虽然近在澶州，但他一时半会儿打不过来，而咱们的外援正在从四面八方赶过来，只不过因为他们都是步兵，所以走得慢。等他们都到了，对契丹人围而歼之，你说胜算大不大？"

赵恒："爱卿你这么一说，我顿时觉得契丹人是找死来了！"

寇准："他们就是找死啊！"

赵恒："这么说，我能替我爹报那伤臀大仇了？"

寇准："必须报仇啊！"

赵恒："那我不是比我爹还厉害了？"

寇准："必须厉害啊！"

赵恒感觉寇准这头倔驴好像说得挺有道理，帝国从建立到今天，数来数去也才三个皇帝，江山要是在自己手里嗝了屁，自己肯定会在历史上留下浓臭的一笔。于是牙关紧咬，俩眼一闭，扶朕上去！

于是赵恒就被寇准怂恿着御驾亲征了，为了壮胆，他还拉上了一票文武大臣。途中，前方战败的消息雪片似的迎面飞来，赵恒和大臣们又想找个地方避敌锋芒，几次都被寇准硬生生给拦了下来。

几经折腾，赵恒的车驾终于到达澶州。当时，黄河从澶州流过，将澶州城一分为二。赵恒和各位大臣站在河边，远望辽军，当时他们的心情是这样的——吓死宝宝了！

这个时候，赵恒和大臣们都很害怕，但大臣们没法说"皇上微臣都要吓出病了，咱们还是打道回府吧"，这个时候他们只能摆出一副忠君爱国舍生忘死的姿态，只寄希望于宋真宗被吓出病来，然后大家打着回去给皇上看病的借口，一起遁走。

赵恒这个时候也很纠结，自己当时被寇准一通忽悠，说什么此战必胜，胜了就比爸爸还厉害，结果脑门子一热就跑来了。可是到这边一看，契丹人的阵势也太吓人了！然而君无戏言，此时如果跟大家说"朕害怕了，不征了，咱们麻溜回家吧"，那肯定是威严扫地，成为文武百官的床头笑话，这个节操实在碎不起。

再说辽国那熊孩子就在对面，大家都是当皇帝的，人家还比自己岁数小那么多，自己要是就这么跑了，以后那孩子一跟别人提起自己，就得说："赵恒啊，我知道，不就是一见我就尿遁那老小子吗？"这个国际面子实在也是丢不起。

赵恒现在同样把希望寄托在了文武百官身上，他多么希望此时此刻有个贴心的大臣站出来说："皇上，澶州这个地方空气质量不好，雾霾太重，您千金龙体怎么能受此委屈？走走走，咱们回家去！"然而，平时那些特别懂得看脸色说话的臣子们，这个时候却整齐划一地沉默了，迷之沉默……

最后，还是赵恒沉默不下去了，这么多军队和大臣都大眼瞪小眼地看着他，他也不能一直在河边傻杵着啊，于是硬着头皮开了口："诸位爱卿，舟车劳顿，咱们是不是应该安营扎寨，休息一下了？"

众大臣齐声附议："皇上说得对！这舟车劳顿实在是太累了，皇上龙体为重！安营，全军听令，赶快安营！微臣看过，方圆百里就这河边风水好，皇上，咱们就在这安营吧？"

寇准心知肚明，皇上和大臣们这是被契丹人吓到了，不敢渡河，于是找到大将高琼，二人一番合计，说咱们这样这样。

这边，赵恒刚宣布起驾，准备带领大家去澶州南城安营扎寨，寇准和高琼一左一右挽住了御驾。

寇准："皇上，不能在这安营啊！将士们表示不同意啊！"

赵恒："寇准你撒手，撒手听到没？将士们以朕龙首是瞻，哪有一个说不同意了？"

高琼："皇上，寇准说得没错！将士们的父母妻儿都在开封，他们不愿随您迁都江南，所以带着一腔热血跟着您御驾亲征，誓要保家卫国保爹保妈保老婆，您现在一见辽人就裹足不前，将士们从心里不答应！"

宰相冯拯："寇准、高琼，你们不得对皇上无礼！"

高琼："老冯你就会写点歌功颂德、溜须拍马的文章，官做到两府大臣，你羞臊不？眼下敌军犯我领土，辱我国威，我请皇上以王者之气破敌，你却责备我无礼，你是何居心？你有本事，你怎么不写一首诗退敌呢？"

寇准："高琼说得对！"

赵恒："你们确定朕一过河，王者之气就能退敌？"

寇准："那必须啊！皇上您率大军亲临，您站在澶州城上，龙旗招展，龙躯一震，王霸之气四溢，我军士气肯定气贯长虹啊！"

赵恒："气贯……长虹？"

高琼："是啊皇上！您要是在这河边裹足不前，将士们一看就知道您是怂了，谁还肯为您卖命？您要是亲临阵前，那就不一样了，将士们见您不顾危险御驾亲征，必定大受鼓舞大受感动，到时候三军用命，舍生忘死，契丹人根本不是咱的对手！皇上，不信您过河走两步就知道了！"

赵恒："走两步？"

寇准："对对，走两步！"

赵恒："那就走两步，全军听令，过河走两步！"

群臣：此时我的心头有10010个寇准他大爷呼啸而过……

果不其然，当黄龙旗在澶州北城楼上一出现，城下北宋的兵民立即欢声雷动，气势百倍。

不过赵恒始终还是心里没底，他在澶州北城象征性地巡视以后，仍回南城休息，把寇准留在了北城，让他以炮灰的姿态在前线负责指挥作战。其间，内心忐忑的赵恒几次派人偷窥寇准，寇准故意摆出毫不在乎的样子，与人在城楼顶上喝酒下棋。赵恒听说寇准如此镇定，似乎胸有成竹，也不再那么恐慌了。

却说辽国这边，虽然号称雄兵20万，但由于孤军深入，本来战况进展得也不怎么好，尤其是赵恒亲临北城以后，宋军士气大振，辽军接连打了几场败仗。萧燕燕搁心里一算计，估计死磕下去也占不到多大便宜，于是便想到了议和，企图从谈判桌上获得战场上得不到的好处。

澶州北城，赵恒也被胜仗激发出了阳刚之气，正在憋力，心说就算打不过你，我也得从你身上撕下几块皮，能不能做个纯爷们，在此一举！

谁知萧燕燕突然发来消息："待我长发飘飘，咱们私了可好？"

赵恒当时都快哭了："别等长发飘飘了，赶紧的啊！对了，朕看她孤儿寡母挺可怜的，咱们也别为难人家，要啥给啥！"

最后，宋朝谈判代表曹利用在赵恒的授意下，象征性地谈来谈去，谈出个十分憋屈的协议——萧燕燕成了赵恒的姨，赵恒和辽国小皇帝耶律隆绪称兄道弟，并且每年要向辽国奉上价值30万的红包大礼。

这就是宋朝史上第一个丧权辱国条约——澶渊之盟。

也正因为有了这个协议，宋辽两国成了塑料兄弟，此后100多年表面上非常和气。

"澶渊之盟"达成以后，赵恒询问结果，曹利用伸出三个指头。赵恒误以为给了辽国300万两白银，大吃一惊，惊呼："太多了！"

但想了一想，又认为谈判既然已经成功，也就算了，又说："300万就300万吧。"后来，赵恒弄清了只给辽国绢20万匹、银10万两，统共才30万时，大喜过望，连呼："老曹，你真会办事！"因此重重奖赏了曹利用，甚至写诗与群臣唱和，以此来庆祝，简直让人不忍直视。

恭喜皇上，天上噼里啪啦掉祥瑞

澶渊之战有惊无险地结束了，但赵恒并不开心，为什么呢？因为一心要扳倒寇准的王钦若告诉他，大家都认为他签了一个"城下之盟"。所谓"城下之盟"，就是在敌方兵临城下时被迫签订的屈服和约，这显然不是什么光彩的事情。

所以当劫后余生的兴奋劲过后，赵恒越想心里越憋屈——我还在那美呢！我都签"城下之盟"了，全国人民指不定在背后怎么戳我脊梁骨呢！我还写赞扬诗摆庆功酒，我都成了全国人民的笑话了！然后，越看在此次事件中获得首功的寇准越不顺眼，最后终于找到机会，把寇准又贬了出去，并任命王钦若为新任宰相。

事情并没有就此终结，虽然碍眼的寇准被逐出京城，但悠悠众口并没有被堵住，所以赵恒总想做点事情，在天下人面前证明自己，挽回失去的尊严。

这时王钦若挺身而出，要为领导排忧解难，他说："臣有一个主意，不知当讲不当讲？"

赵恒："有话就说啊，你废什么话呢！"

王钦若："皇上，您把燕云十六州打下来不就得了，这是妥妥的报仇雪恨加丰功伟绩啊！"

赵恒心想十年寒窗怎么就没把王钦若这小子冻死，朕要是能打下燕云十六州，还会签"澶渊之盟"？

"这个……王爱卿啊，我大宋自立国以来，战事未断，边关百姓也是深受兵祸之苦，现在既然朕当了这皇帝，我想施个仁政，让百姓安居乐业，你看还有没有别的法子？"

"嗯，法子真还有一个，咱们封禅吧！"

封禅，古代帝王祭天地的大典，实质上就是强调君权神授的迷信活动。说白了，就是给自己脸上贴金，表示自己是真命天子，是上天派下来带领人民奔小康的好皇帝云云。

赵恒觉得这个主意真心不错，然而封禅也不是说封就封的，它起码要有一个理由——要么这个帝王开创了太平盛世，要么天降祥瑞给这个帝王。很明显，赵恒完全不具备这样的条件，这要是大张旗鼓地跑去泰山祭天祭地，就有点厚颜无耻了，非常尴尬。

不过，这并不能难倒赵恒和王钦若，太平盛世一时开创不了，人为制造点祥瑞还不是小事一桩？反正大多数皇帝都这么干过，咱们谁也别笑话谁。

于是，赵恒和王钦若开始大力操作，他们首先要搞定的是朝中潜在的那些反对派。

寇准那头倔驴虽然不在中央了，但要是个别书呆子跳出来发表一些愤青言论，那场面可就不好看了，于是赵恒想到了"有钱能使鬼推磨"。

这天，赵恒盛情邀约宰相王旦来家里吃饭，饮宴正酣时，赵恒命人取出一坛子酒赐给王旦，非常体恤地说道："爱卿为国操劳，日理万机，鲜有时间陪同妻儿，这坛酒就带回去，同妻儿一起享用吧！算是朕向他们聊表歉意。"王旦感动得不要不要的，千恩万谢，回家后打开酒坛子一看，里面装的全是流光溢彩的大珠子，封禅这事儿，王旦沉默了。

赵恒以钱开路，堵住了文武百官的嘴，现在万事俱备，只差祥瑞！

景德五年（公元 1008 年）正月初三，朝堂之上刚刚开完工作会议，有人突然跑来禀报："皇上，承天门掉天书了！"

此语一出，满朝沸腾，大家纷纷表示我皇英明，受命于天，必将带领大伙开创盛世，然后一帮人心照不宣地去请天书。

为了证明"天书"真的是从天而降，赵恒还信誓旦旦地说："一个月

前，半夜我刚要睡觉，忽然间卧室里大放光芒，我惊了，定神一看，只见一个神人凭空出现，此人星冠绛袍，对我说：'一月三日，会降天书《大中祥符》三篇，勿泄天机！'我悚然，起身正要答话，神人忽然又凭空消失，我马上用笔把此事记了下来。从十二月一日起，我便开始吃素，在朝元殿建道场，整整一个月恭敬等待，终于盼来了天书！"

大家再称"皇上英明，受命于天"，赵恒当着众人的面打开"天书"，只见上面写着：封受命。兴于宋，付于慎，居其器，守于正，世七百，九九定。另外还有黄色字条三幅，意思大概就是赵恒是个好皇帝，宋朝江山万万年云云。

群臣再度沸腾，我天！这可是实打实的天降祥瑞啊！于是大肆准备，君臣集体前往泰山封禅，并大赦天下，百官集体升职加薪，全国百姓吃喝庆祝三天！

文武百官和全国人民都乐疯了！这祥瑞也太够意思了！于是，全国人民争相制造祥瑞——你那边麒麟现世，我这边就有凤来仪；你说北空景星突现，我就说南方庆云汇聚；你偶遇百粒仙丹，我就采得千朵雪莲……

赵恒表示：在这么多祥瑞的加持下，朕已经控制不住体内的洪荒之力了！于是他封完泰山祀汾阴，祀罢汾阴祀西岳，祀完西岳封五岳……总之这位皇帝的后半生，基本就是在带领全国人民大搞封建迷信活动。

大搞封建迷信活动的代价就是家底被掏空，据统计，从赵恒封禅泰山开始，到赵恒驾崩的 15 年间，宋王朝仅在封建迷信活动一项上，就花费银两数千万，好在宋朝有钱，勉强经得起折腾。事实上，赵恒也并非不知道自己是在瞎胡闹，但这种被全国人民吹捧的感觉实在是太好了，令他欲罢不能。

从公元 1019 年开始，宋朝的迷信活动终于暂停了，不是赵恒幡然醒悟，而是他中风了，而宋朝也即将迎来一位新主人。

不知亲娘赵受益，压力很大范仲淹

赵恒中风以后，频繁发病，从最初的口歪眼斜，一直发展到半身不遂，上天不断降下的祥瑞并没有保佑他和大宋，此时的朝堂之上已经暗流汹涌。

赵恒在中风前一年，不知道是不是也做了一个梦，梦见仙人给了他什么指示，反正他突然就立了太子，这个太子就是赵祯，史称宋仁宗。

赵祯当太子非常理所当然，因为他爹根本就没有别人可选——赵恒因为迷信，经常服食大家献上来的各种丹药，结果生下六个儿子折了五个，唯独剩下老六赵祯。

这时的寇准已被岁月磨去了些许棱角，终于放下节操，也给赵恒制造了点祥瑞，得以重回国府。但所谓"江山易改，禀性难移"，寇准狂野傲娇嘴巴毒的毛病还是没有改掉。一次在单位食堂吃饭的时候，寇准的胡子沾上了些许菜汤，他的副手丁谓见状连忙帮他擦拭，寇准把头一昂："你这堂堂国家命臣，给上司溜须，像话吗？"那份狂妄，那份讥讽，溢于言表。"溜须"一词，正是典出于此。

看丁谓的做派我们就能看出，这个人是个小人，小人一般都爱记仇，他心里这就把寇准深深地恨上了。

赵恒这阵子已经病入膏肓，一会儿糊涂一会儿清醒，自己说过什么做过什么，经常转眼就忘。丁谓瞅准机会，向赵恒控告寇准，说他跟太子走得非常近，妄图推举太子监国，把皇上您彻底架空，简直罪大恶极罪不可恕！赵恒一下子就被激怒了！

对于这个控告，寇准就算浑身是嘴也说不清——扶助太子监国这事儿，他确实是干了，可那是皇上的嘱咐啊！然而，皇上就是给忘了，你有什么

辙？寇准又一次被贬，一贬再贬，贬了又贬，往后余生一直在走马上任的路上奔波，等到赵祯继位，还没来得及召他回来，他就已经客死在雷州了。

书往回讲，却说这时的赵恒已经糊涂得是非不分了，他用仅存的理智判断，这是有人要害朕啊！你们都想扶正太子，肯定是太子的授意，给朕……

大臣们集体凌乱："皇上，刀下留人！您可就剩这么一个儿子啦！挥霍不起啊！"费了好一番唇舌，才使赵恒收住杀心。

公元 1022 年，赵恒咽下了人生中的最后一口气，驾鹤西去。赵祯正式接班，因为年龄只有 13 岁，由太后刘娥摄政。

刘娥执政后的第一件事就是把天书、仙丹、祥瑞物品一股脑给赵恒陪了葬，然后找了个借口把丁谓贬到崖州，比寇准贬得还要远。刘娥尝到了权利的滋味，感觉味道非常美好，于是有生之年一直垂帘听政，谁劝都不好使，直到撒手人寰。赵祯涕泗滂沱、昼吟宵哭，眼看就要哭晕过去了，这时燕王赵元俨附耳低语："皇上大侄子，做做样子就行了，别哭那么伤心，她不是你亲妈。"

赵祯这回真晕了："她……不是我亲妈？那我亲妈是谁？"

"是这么回事，皇上您还记得之前去世的李宸妃不？那个才是你亲妈，据说是被刘太后害死的，死亡现场惨不忍睹……叭叭叭叭。"

赵祯难得暴露他性格中霸气狠厉的一面："查！给朕彻查！"一面说着，一面派重兵包围刘娥亲眷的府邸，准备查明真相就来个除恶务尽。

原来，刘娥是赵恒当王爷时从民间买来的人妻，因为出身贫贱又有过婚史，因而极不受公婆待见，下令将其轰出家门，赵恒只得偷偷摸摸将她藏了十几年，直到自己正式继位，才敢光明正大地将刘娥接到宫中，先封其为美人，后晋封为德妃。

后来郭皇后驾崩，赵恒想立刘娥为后，但遭到了以寇准为首的众臣一致反对，大家纷纷表示：皇上你不知道从哪淘来个别人家媳妇养在后宫，这种自愿被绿的行为我们睁一只眼闭一只眼也就罢了，你现在还想让她当大宋的国母，你想让我们跟着你一起被天下人笑话吗？

双方因此僵持不下。就在这个关键时刻，曾被赵恒约谈过的刘娥侍女李姑娘怀孕了，这让赵恒和刘娥喜出望外——正愁肚饿没有招，天上掉下个黏豆包，咱们可以借壳上市啊！于是李姑娘生下的这个男孩，就被操作成刘娥所生。因为赵恒之前所生的儿子都死了，这个男孩很可能是唯一有资格继承皇位的人，身份多么尊贵自不用说，而刘娥也就母凭子贵一步登天，破除障碍成为皇后。

摸着良心说，刘娥对李姑娘还是不错的，并没有对她进行人身迫害，甚至不反对赵恒继续约谈李姑娘，反倒是李姑娘觉得自己命贱福薄，从没产生过争宠或与儿子相认的念头。

赵恒死后，刘娥将李姑娘派去守陵，目的当然是彻底断绝他们母子相认的可能，但除此之外，相安无事，并且不断为其加封，至李姑娘去世前，身份已至宸妃。

李宸妃死后，刘娥接受宰相吕夷简建议，以皇后冠服为她高规格下葬，以水银为其养护尸体——这个举动救了刘氏一族的命。赵祯令人打开李宸妃的棺椁后，发现亲娘身披后服，面色如生，心下释然了，虽然觉得没能和亲娘相认是人生一大遗憾，但养母肯定没有使用下作手段将自己亲妈迫害致死，于是感叹道："人与人之间还是要有信任的，乱嚼舌根的人简直太可恶了！"

"狸猫换太子"，就是把这段往事给艺术化了。

赵祯在位期间，矢志不移地为"做个仁君"的理想而奋斗，42年与辽未动干戈，大宋在他的治理下国富民强，出现了一个繁花似锦的太平盛世。

赵祯还是个拥有极强角色意识的君主，他很少滥用君权，而是对下属们体现了极大的尊重，在他的朝堂上，范仲淹、欧阳修、韩琦、包拯等一大批名臣成为时代舞台的主角，而司马光、王安石、苏轼也在此时小荷露出尖尖角。

这一时期，我国还出现了活字印刷，出现了高产水稻品种……

当然，所谓"金无赤金，人无完人"，赵祯积极推行的仁政也有它的副作用，就是造成了国家政体出现了"冗员""冗兵""冗费"等问题。简单点说，就是政府机关、国企单位机构臃肿，人浮于事，造成财政入不敷出，经济情况很不乐观。

这个情况怎么解决呢？很简单，让喝茶水嗑瓜子的人下岗。赵祯为此将范仲淹、富弼调入中央，让二人主导改革，又给欧阳修、余靖、王素、蔡襄升职，让他们辅助改革。史称"庆历新政"。

范仲淹表示：老夫压力很大啊！

这一年范仲淹54岁，他生平第一次面对如此重要的政治任务，他的敌人是数不清的既得利益者，他大刀阔斧的动作激起了守旧派的强烈反抗。

然而，由于改革的主导者是皇帝，守旧派们不敢直接对新政予以攻击，他们就挖空心思在范仲淹身上寻找攻击点。但是我们知道，老范这个人一身正气两袖清风，在他身上找碴不容易，乃至守旧派官员无耻地表示：范仲淹、富弼、欧阳修这些人整天凑在一起，他们在搞朋党！

对此，老范大方地予以承认，毫不客气地怼了回去："我这'朋党'叫'君子党'，参与者都是君子，大家因为为国为民的理想而志同道合，齐心协力辅助皇上光大社稷！不像有些人，蝇营狗苟，为追逐私利而小人聚堆！"

欧阳修随即抛出《朋党论》，表示"君子无党，小人有党"，文章写得大气磅礴，荡气回肠，把守旧派驳得体无完肤，非常尴尬。被彻底激怒的守旧派决定放一个大招！

当朝宰相夏竦同志，命家中不明关系女群众模仿改革派官员石介笔迹，伪造了一封石介写给富弼的信，大体内容是这样的：老富，咱们要趁着改革的热潮，紧紧团结在范仲淹同志周围，运筹帷幄，壮大实力，待时机成熟，废掉那傻蛋皇帝，重新拥立一个听咱们话的人。

然而，赵祯他是傻蛋吗？显然不是！所以他对这件事采取了不相信、不过问、不调查的态度，范仲淹等人却有些害怕了——显而易见，皇帝现在还比较信任自己，所以才不接受挑拨，但是，万一哪天皇帝对自己失去了信任呢？想想就非常可怕！

范仲淹被迫对改革打起了退堂鼓，这就像我们刮奖时，刮到个"谢"字就已经可以猜测到结果了，还非要把"谢谢参与"四个字都看全才死心吗？心中半死不活的范仲淹于是上书赵祯，表示契丹人可能又要打来了，我得去看看。

这是一种试探，如果皇上改革的信念坚定不移，是绝不会放人的，但赵祯大笔一挥：看看去吧！范仲淹走后没多久，新政被一一废除，改革派主力官员全部外放，庆历新政宣告结束，共历时 14 个月。

庆历新政虽然因为既得利益者的强烈反对和赵祯的摇摆不定而短命夭折，但它使更多的人看到了改革的美好前景，要求改革的呼声越来越高。

也是在庆历新政结束的这一年，一个叫王安石的小县令，开始在自己的辖区内搞起小规模改革试点。

大宋与大辽，一起乱糟糟

公元 1056 年正月，宋朝皇宫也发生了一件大事，皇帝赵祯在临朝接受文武百官参拜时，忽然间手舞足蹈，口水四溢，按症状判断，应该是得了羊痫疯。此后数日，赵祯病情愈益加重，整天大呼"皇后与张茂则要害我"，咱也不知道是胡言乱语还是另有隐情。

一个月以后，经过精心治疗，赵祯病情逐渐好转，慢慢开始处理政事，但健康状况明显大不如前。赵祯亲子接连夭折，目前膝下无子，之前曾将濮王第十三子赵宗实接入宫中养育，以备不时之需。韩琦、包拯、司马光等人也是被赵祯"当众抽风"的场景吓坏了，生怕皇帝哪天突然有个好歹，

来不及指定继承人，引起朝局动荡，因而反复劝谏赵祯册立太子。

赵祯对此非常抗拒，这不是昏庸而是人之常情——除了女主则天，有谁不希望由自己的儿子来继承大统呢？于是赵祯反复让近侍扶自己起来试试，结果非常扎心，最后只能无奈地宣布，立赵宗实为太子，改其名为赵曙。

公元1063年，赵祯辞世，庙号仁宗，在中国历史上，庙号为"仁"的皇帝寥寥可数，而他是第一个，也是公认的最当之无愧的那个，因为，他的先进事迹确实有点突出，有点感人。

我们都知道，古代皇帝的老婆非常多，老婆一多就有点照顾不过来，无法雨露均沾，于是，各朝各代时不时就有耐不住寂寞的小姐姐，甘愿冒着诛九族的大罪跟皇帝玩出轨。赵祯后宫就有这么一位，呃，纠正一下，是一堆。

最先被曝光的是一位刘姓女子，此女子可能觉得和赵祯这种老实人在一起实在无趣，然而又没有办法离婚，为了慰藉那颗躁动的心，她最终和一位神秘人物勾搭成奸。她自以为做得天衣无缝，却忘记了没有墙不透春风。

御史中丞韩绛是个耿直的人，他实在不忍心眼睁睁看着自己的老实皇帝遭此奇耻大辱，于是他将自己知道的情况向赵祯绘声绘色地做了个实况转播，赵祯差点被气出一口老血："羞煞我也！爱卿你不说，我完全没有察觉，待我细加审验。"

结果这一查，实锤了！一向温柔善良、宅心仁厚的赵祯顿时感觉天子尊严受到了最无情、最极端的伤害，让他在全体下属面前实在抬不起头来。皇上遇到这种情况一般怎么办？当然是诛九族、杀无赦！只有这样才能体现天子的神圣不可侵犯。这事儿要是让朱元璋摊上，你都无法预料他会干死多少人。

然而赵祯作为一个善良的人，一个宽容的人，一个脱离了贪嗔痴恨的人，他对与自己有过肌肤之亲的女人实在下不去杀手，但不处罚又实在难解心头之羞愤，最后左思右想，想出来一个相对折中的人性化处理方法——留她性命，逐出皇宫，禁于道门！

经历了这场"红杏出墙事件"，老实人赵祯也变聪明了，他开始由此及彼启动发散性思维——既然小刘能出墙，那么小李、小马、小董呢？可能性无法完全排除，为了纯洁自己的老婆队伍，赵祯暗中派人进行由点及面的细致排查，结果非常恐怖。

种种迹象显示，出后宫墙者的确不止小刘一人，而且人数还不少呢！赵祯温柔的内心瞬间遭受了 10010 点暴击，这绝对不是一个正常男人可以承受的伤害！赵祯始终想不明白，如此浩荡的皇恩，好吃好喝好温存，怎么就留不住这帮女人的心呢？他为自己感到无比悲哀。

悲哀归悲哀，痛下杀手的事情他始终做不来，不过为了保证皇室血统的纯正，赵祯还是做了一个痛苦的决定——将那些有可能出墙的后宫佳丽全部放逐，这样一来，他身边一下子就少了 200 多个美人……

做皇帝做到这种境界，谁还好意思不夸他仁慈呢？

赵祯死时，全天下都在哭——京都百姓歇市，聚在一起号啕大哭，丐帮帮众聚集在皇宫墙外，为他烧纸为他流泪；他的死讯传到洛阳，洛阳百姓自动停止手头工作，焚烧纸钱的烟雾遮蔽了洛阳天空，以致天日无光；他的死甚至让仇视大宋的川蜀之地都悲切不已，当时有一位官员到四川出差，路经剑阁，看见山沟里的妇女们也都戴着纸糊的孝帽在哀悼皇帝。

他的死，宋朝百姓悲恸不难理解，毕竟赵祯在位期间，国家太平，边境安定，经济繁荣，科学文化发达，人民安居乐业。但敌对国家居然也举国哀伤，这就很传奇了。

当赵祯的死讯传到辽国时，辽国各行各业男女老少皆哭，连辽国皇帝耶律洪基都握着宋朝驻辽大使的手痛哭失声："有我这大兄弟在，咱们两家都 42 年没红过脸了！"

等等，耶律洪基，这个名字是不是听着很熟悉？没错，他正是《天龙八部》中萧峰的义兄，史称"辽道宗"。此时的大辽，在他的治理下，正在

一步一步地走着下坡路。既然说到这里，咱们就顺便把辽国那边的情况也捋一下。

澶渊之战中，辽国虽然战绩不理想，却通过外交手段最大限度地保证了自己的利益。战后，萧燕燕把工作重心由征伐四方转为了对孩子的家庭教育，在这样一个优秀母亲的悉心教导之下，耶律隆绪受益匪浅，逐渐成长为辽圣宗。

辽圣宗这一辈子春风得意。

宋朝，年年都给自己进贡，躺发横财，宋朝君臣要是有想法，就让党项人出动去骚扰他，宋朝那原本就不值一提的战斗力，从此就陷入与西夏的纠缠中了。

西夏，给他们个封赐，帮着壮壮声势，党项人就把自己当祖宗供着，随意驱使。

所以，在耶律隆绪看来，他肯定认为自己才是天下局势的主宰——在把宋和夏整治得服服帖帖的同时，还能腾出手来收拾高丽、女真和回鹘，而且都是压倒性优势，大辽在自己手上，无论文治还是武功，都达到了一个新的巅峰！

客观地说，这个"圣"字，耶律隆绪确实当得起。耶律隆绪在位49年，横跨宋太宗、宋真宗、宋仁宗三朝，这段时期，宋与辽都进入了各自的黄金年代，生活在那段岁月里的宋人和辽人，无疑都是幸福的。

耶律隆绪死后，皇太子耶律宗真和平继位，年仅15岁，史称辽兴宗。辽兴宗年幼，其母元妃萧耨斤自立为皇太后，控制大权，临朝摄政。

耶律宗真自幼被皇后养母萧菩萨哥抚育，因而不受生母待见，萧耨斤想利用手中的权利，改立亲自抚养的次子耶律重元为帝。

谁也没有想到，这耶律重元是位顶级护兄狂魔，他知道此事以后，转身就把他妈给卖了。

得到风声的耶律宗真一怒之下，率先发难，废了他妈的太后之位，将其囚禁，自控大权，临朝亲政。

看惯了老祖宗们亲人相残血雨腥风的耶律宗真，对弟弟感激不尽的同时，也觉得弟弟的人品非常难得，一时激动，将耶律重元立为皇太弟，信誓旦旦地表示将来一定要传位给他。

这可把自己的亲儿子耶律洪基给坑惨了！

却说耶律宗真感动劲过后，冷静下来一想，自己的爷爷和爸爸好不容易才将父传子的世袭制度确立下来，其间不知付出了多少精力与心血，自己可不能去开历史的倒车，领头复辟落后的部落兄弟继承制，这死后哪还有脸见先人呢？于是临死之前，他突然改弦易张，将皇位传给了自己的儿子耶律洪基。

耶律重元瞬间明白自己经历了什么，气得脸都绿了，他心中有一个计划暗暗形成，他要为自己报仇雪耻，不是为了证明自己有多了不起，而是要告诉大家，他失去的东西一定要亲手拿回来。

耶律洪基对叔叔的不满心知肚明，可是皇位是不可能让的，为了安抚对方，他又给人家按了个更虚高的头衔——皇太叔。然而没有用，耶律重元又不是缺脑子，岂能让你们父子涮两次？

终于，辽国爆发了国史上最著名的"重元之乱"。

公元1063年，大辽皇太叔耶律重元带着他的儿子楚国王涅鲁古、陈国王陈六、北院枢密副使萧胡睹等一大帮人，趁着耶律洪基外出打猎疏于防备的空隙，围攻皇帝营帐。

危急关头，萧峰一套降龙十八掌，擒贼先擒王，活捉了耶律重元父子。

当然，这是不可能的。

真实的情况是，叛军被耶律洪基的护卫军击退，涅鲁古当场丧命，耶律重元逃进大漠，走投无路，自杀身亡。

耶律洪基对待背叛自己的人可比他老祖宗耶律阿保机狠多了，甭管有没有血缘关系，所有参与叛乱者，绝户！

耶律洪基平乱看着挺威武霸气，但实际上他治国欠缺能力，辽国在他这一朝每况愈下。

再说北宋这边，赵祯的继位者宋英宗赵曙继续以仁政治国，励精图治，只可惜天不假年，赵曙在位期间一直病痛缠身，仅执政4年便英年早逝，成了一个短命的英主。

赵曙死后，他的长子赵顼继位，是为宋神宗。赵顼上位不久就大手一挥：搞事！至于他要搞什么事，且听下回分解。

与此同时，北方的草原上，完颜阿骨打带着他的部族悄然崛起，一个新的帝国呼之欲出！

王安石安邦，司马光砸光

公元1026年的某一天，《北宋日报》头版头条刊登了这样一条新闻——震惊！河南一7岁男童，竟对同伴做出这种事情！

鉴于男童官二代的身份，一时间舆论哗然，有好事者为了保存证据，专门画图将此事记录下来，做到了真正的有图有真相。

我们来看看那幅惊悚的画面。

据当事人回忆，当时，他们一群小朋友在村子里面快乐玩耍，然而，谁也没有注意到的是，有一个叫狗蛋的孩子不知怎么搞的，"扑通"一下就掉进水缸里了！

众孩闻声看去，一个个吓得小脸煞白，千钧一发之际，有人撒腿就跑，有人哭爹喊娘，有人高呼：快找消防员叔叔！

再一个千钧一发之际，一个扎着冲天辫、捧着历史书的小男孩站了出来，他一脸深沉地对身边的小伙伴说："顺溜，你去给我找块大鹅卵石，越光滑越好！"

顺溜问："阿光，你要干啥，要砸死狗蛋吗？"

阿光一脸鄙视，惜字如金："救人！"

顺溜："那为啥要越光滑越好？"

阿光："手感好！"

狗蛋："你俩再掰扯我就淹死啦！"

第三个千钧一发之际，阿光手持大石，气运丹田，足踏九宫，徐徐围着水缸走了起来，只见他双足变换间，口中尚自念念有词，倏地，阿光越走越快，最后直如一团风般。

众孩惊呼："凌波微步！"

阿光也不理睬众人，越旋越快，众人屏息，针落可闻。突然间，阿光右手一甩，鹅卵石带着幻影向水缸飞去，只听"噗"地一声，水缸没事，众人大笑，下一秒，笑声戛然而止。

寂静的四野，只闻空气中传来微弱的撕裂声，再看那大缸，竟然以肉眼可见的速度慢慢开裂，突然，"哗啦"一声，缸破，水出。

众人再次惊呼："难道这就是传说中的凌空劲？！"

阿光事了拂衣去，深藏功与名。

没错，你所看到的这段历史往事，正是誉满中华的"司马光砸缸"事件！

那么问题来了——古往今来，也不知道有多少熊孩子掉进缸里，也不知道有多少无辜的缸被砸破，为什么唯独司马光被颂扬，小小年纪就登上了光荣榜？

真相只有一个——他爹是御史。

几乎在司马光砸缸的同一时间，江西临川，也出现了一位神童少年。他最大的乐趣是——吃霸王餐。

事情是这个样子的：

在少年家不远，有一座"饿不饿"点评得分很高的面馆，少年亦是此面馆的忠实吃货。

因为少年素有神童之名，就难免有人对这位别人家的优秀孩子眼红。

于是有一天，店主人对少年说："嘿，老王家孩子，你不是神童吗？我给你做了一碗嫩牛满面放在厨房，你要是能端过来而不洒一滴汤，管你要钱我跟你姓王！"

难道这就是传说中的白吃？天下间还有这等好事？

少年来到后厨，盯着嫩牛满面目不转睛，哈喇汹涌，突然间灵机一动——只见他轻轻将筷子伸入碗中，缓缓挑起一半面条，面起汤落，一碗嫩牛满面就这样被他稳稳当当、滴水未洒地端入前堂。

再看那少年，吃得油水满面，吧唧有声……此处应有掌声！

读者朋友们，这件事情告诉了我们一个非常深奥的道理——就算是白吃，也是要用脑子的！

时光荏苒，兔走乌飞，跳丸日月，转瞬即逝，两个被誉为神童的孩子转眼间长成了精神小伙。

公元 1038 年，司马光进士及第，从此步入仕林，初任华州判官。

公元 1042 年，王安石登杨寘榜进士第四，授淮南节度判官。

公元 1060 年前后，司马光、王安石应包拯之邀，入京就职群牧司，与吕公著、韩维意气相投，组成人气男团"嘉祐四友"。

四个人中，属王安石最有个性。

有一天，群牧司内牡丹绽放，包青天也玩了回附庸风雅，请几位才子饮酒赏花。

司马光本不胜酒力，但领导美意，不好违逆，眉头一挤，别了下去。

王安石则滴酒不沾，谁劝也不给薄面，搞得包青天全程黑脸。

经过此事，司马光对王安石有了新的认知，他感觉这才是真男人该有的样子，于是就连王安石对生活的恶搞，在他眼里都是那般美好。

王安石这个人是出了名的邋遢大叔，说好听点是不修边幅，实话实说就是又脏又污！他曾作《和王乐道烘虱》一首，心理承受能力大的朋友可以去网上搜一搜。

司马光倒好，对老王的恶趣味居然也欣赏得了，还作《和王介甫烘虱》，完全一副同流合污的样子。

这个时候的司马光和王安石，眼里全是最顺眼的彼此。两个人毫无底线地互夸，催人汗下地肉麻。

司马光曾赞王安石："介甫独负天下大名三十余年，才高而学富，不起则已，起则天下兴盛，百姓太平！"

王安石立马做出回应："君实操行修洁，博知经术，行义信于朝廷，文学称于天下！"

估计满朝文武都快让他俩给酸疯了！

然而，正当他们觉得好朋友，一起走，一辈子，不分手的时候，一场改革拆塌了友情的城楼，司马光和王安石从好朋友变成了死对头。

届时的北宋，官僚机构臃肿，养兵用兵、大兴土木早已将国库掏空。甚至连赵曙驾崩，都没钱葬出帝王该有的尊荣。

改革，势在必行！

鲁迅曾说："同是不满于现状，但打破现状的手段却不同：一是革新，一是复古。"而司马光与王安石就在这两条路上背道而驰，越走越远……

在一个黑云密布的星期四，新继位的宋神宗赵顼问王安石："当今治国之道，当以何为先？"

王安石朗声回答："变风俗，立法度，方今所急也！"

此话说完，漫天的黑云似乎被一股无形的力量驱散……

不久，在赵顼的支持下，王安石开始推行新法，即华夏史上著名的"熙宁变法"，又称"王安石变法"。

"王安石变法"本是一场加强宋朝统治，又有进步意义的大好事，但其中一些措施坏了既得利益集团的好事。

比如说裁减公务员，又比如说政府向民间放贷解决国库亏空……

既得利益集团讲话了：他说裁员就裁员，他怎么不裁他自己呢！而且一旦国家放贷，以后谁还向我们当官的借贷？！那都是白花花的银子啊！

当时反对王安石变法的，不仅有文彦博、韩琦、富弼、欧阳修这样的

元老大臣，就连赵顼他妈高太后和他奶奶曹太皇太后，都成了王安石的对手。

王安石表示：我太难了！

而最让王安石难受的是，他的好朋友司马君实，正是这个旧党集团的中坚分子。

不过这时的王安石，有赵顼在背后无条件支持，正是春风得意之时，没人可以撼动他的位置。

而司马光则耍起了小性子，辞去官职，跑去洛阳专心著史，以此明志。《资治通鉴》因此问世。

改革就在这种情况下进行着，旧党对新党不忘初心地反对，新党踩着旧党步步上位，这也为北宋末期的党争埋下了一颗大雷。

当然，王安石的变法也有他自己的问题。

其一，为了壮大自己的势力，王安石乱收小弟。这些人要么能力不济，在旧党大佬面前不堪一击；要么意在投机，将变法当成自己向上爬的阶梯。总之，王安石的小弟们良莠不齐，心也没有整齐划一。

这其中包括：吕惠卿、章惇、蔡京。

其二，王安石变法的主旨是富国，至于富不富民他没考虑过。

结果，不管是公务员还是霸道总裁，哪怕是农民伯伯，他们发现自己的利益都被"王安石"盘剥了。

于是全国上下一片讨伐声，王安石坐稳了"奸相"之名。

熙宁六年（公元1073年），天下大旱，安上门监郑侠画《流民图》进谏，图中流民苦不堪言。

郑侠很确定地说："这不是天灾，是人祸，是王安石太能作，导致百姓流离失所，穷凶，饥恶，怨怒直冲星座，有违天和，于是才有了这天降灾祸！"

赵顼因此大受刺激，对变法产生严重怀疑。于是下诏废除十八条新法，然后，大雨瓢泼，旱情居然真的缓解了！王安石上哪说理去呢？

事已至此，简直尴尬死了王安石，只好主动请辞，跑去乡野饮酒写诗。

你以为王安石彻底丧失了斗志？那是你不懂政治家的心思！

王安石临走之时，特意安排小弟吕惠卿接替自己的位置，早早为将来的复出埋下一颗棋子。

王安石因此走得无忧无虑，他觉得东山再起只是时间问题，殊不知吕惠卿也有他自己的算计。

"他要是回来，我就是千年老二，他要是回不来……"老吕想着想着喜笑颜开——我死去的爸爸都得夸我真不是一般有才！

于是《北宋日报》头条又刊登了这样一条新闻：爆！新任首相吕惠卿同志，实名举报前任首相王安石！

当然，王安石在贪污受贿上不会翻车，老王也不好女色，但拉山头、暴力执法也足够他喝一壶了。

史料记载，吕惠卿整老领导无所不用其极，一点不留余地——"凡可以害安石者无所不用其智"。

可怜王安石，把后背交给了自己人，却差点没让自己人捅死！

更让人惊呆的是，老吕搞来搞去，最后把鬼谷子都搞了进去。你没眼花，就是当时已经死了一千多年的鬼谷子他老人家！

吕惠卿对赵顼说："皇上，王安石不好好学习，居然去偷学鬼谷子那套纵横诡计，他是欺君罔上啊皇上！"

吕惠卿的这种搞法，非但新党同事恨死了他，就连旧党人士都惊呆了。司马光、张载、苏轼等人坐在板凳上看戏吃瓜，还不时发表一下自己的看法："小吕这人不厚道啊，连自己人都往死里扎。"

那么，王安石是什么感受呢？——如果朋友背叛了你，不要生气，不要哭泣，因为背叛明天还会继续。

据悉，老王在南京闲居时，几乎每天都要重复写三个字——福建子。一遍一遍，一遍又一遍，力透纸背，这是多深的恨啊！

终于，王安石报仇的机会来了！

吕惠卿执政期间的瞎胡乱搞惹得上下震怒，王安石在老伙伴的协助下重返相府，吕惠卿从此再也没有靠近过权力中枢。

所以说，做人不要太吕惠卿，要用心记得每一个对你好的人，因为他们本可以不这么做。

那么，王安石成了最后的赢家吗？没有，王安石成了最大的输家！

王安石虽然再次回朝，但变法的根基已然坏掉，再加上多方阻挠，团队内部相互扎刀，老王心里一片哀伤。

此情此景，王安石心灰意冷，他努力证明自己有病，第二次罢相离京。

亲手建起的高楼，亲眼看它坍塌了，赵顼在抑郁和悲愤中离去，也许到了天堂里，就不会再有那么多闹心了吧。

赵顼走的时候，他的儿子赵煦还是个9岁顽童，所以由赵顼他妈高太后垂帘听政。

高太后我们之前说过，她对王安石变法是恨之入骨的。所以大手一挥，旧党人士上位。司马光重新回到权力中枢。

司马光对于王安石变法早就恨透了，一上来就开砸，砸光了所有新法，还把所有新党人士硬生生用"奸臣"二字记下，根本不管别人有没有伤害过他。

王安石这时已经奄奄一息，失去了靠山的他眼看着司马光暴起，却无能为力，他只能把血流进心里，默默咽下了最后一口咽不下的气。

而司马光，此时已经有些走火入魔了——凡是新党提出的我都反对！不管你们做得对不对！谁让你们当初跟我作对！

比如曾经有个叫阿云的登州佳人，被父母强行包办婚姻，硬拆有情人，心里无限怨愤。

于是为保节操，阿云趁洞房花烛夜月黑风高，避开要害捅了那男人十几刀，连夜奔逃。

然而这个男人并没有死，阿云也主动自首愿用生命了结此事。

当时王安石正在推行新法，按照新法，有自首情节者一律不杀。而旧法正好与之相反——你自首与否我不管，意图杀人一律处斩。

于是，执行新法的登州知府和遵循旧法的审刑院就杠上了。

这本是一桩极普通的刑事案件，但因为有政治斗争参与其间，最后竟闹到要赵顼当裁判。赵顼是新法的倡导者之一，于是按照新法判了阿云37年刑期，司马光在心里狠狠地憋了一口气！

事情过了十多年，司马光当权，迫不及待地翻出旧案，毅然决然地给阿云补了一个秋后处斩！

再说说大辽的小弟西夏，曾因犯边被新党将领一顿暴打，顺便还将一大块地盘抢过来献给北宋，这对于军事力量薄弱的北宋来说，是多么令人欢欣鼓舞的事情啊！

但司马光当权，为了把新党压进五指山，竟然报复性地通过了这样一份方案——马上把抢西夏的那些地盘如数归还！

他还给自己找了一堆很"正当"的理由：王安石那帮二五仔就知道逞凶斗狠，到处得罪人。西夏是什么样的存在？这顿打他能白挨？如果以后西夏找碴约架，凭我方实力断然是磕不过的，那属实就麻烦了！不如现在还回去，对方说不定还会对我们有所感激，起码还能做个塑料兄弟。

于是根据司马光的决议，新党好不容易为北宋争取到的那一丁点胜利，全被送人情般地还了回去。

然后呢？两个国家就握手言和了？不！不！不！西夏收下司马光的大礼以后，转过身就把北宋一顿胖揍！

事情发展到这个阶段，新党已然无力回天，北宋也只能眼睁睁看着自己走向衰亡的深渊。

其实客观评价司马光这个人，他绝对算不上奸臣。起码与秦桧、童贯等人相比，他心里还装着江山社稷。只是政见的不同，让他与王安石水火不容，毕竟政敌之间的操作，注定不是你死就是我活。他本无心误国，奈何阴差阳错。这不禁让人费解，当初那个机智小神童，长大后为何会迂腐成这个样子呢？

有人猜想——当年的那口缸，他应该是用脑袋砸的。

端王轻佻，所以葬天下！

且说"熙宁变法"虽然最终失利，给了不安定的北宋致命一击。但有一说一，向太后、司马光等人也不是昏庸至极，没把江山搞得狼藉满地。如果剧情平稳发展下去，北宋的结局也不至于过分悲催。

然而，凡事就怕然而，然而一个文艺青年的横空出世，将北宋彻底引入了作死模式……

宋徽宗赵佶，自幼就是浮浪子弟。传说他尚在娘胎中，他爹赵顼跑去瞻仰李煜遗容，嘴上还赞叹有声："我要是能生一个像李后主一样的儿子该多好啊！"

结果在他出生那天，赵顼果然在梦中与李煜相见，后来赵佶把江山搞得稀烂，妻女惨绝人寰，大家都说，这是因果循环，是李煜转世，有仇报仇有冤报冤。

当然，这个传说明显是在胡扯。但赵佶的人生风格，的确像极了李煜小哥。

——赵佶自幼爱好丹青笔墨、投壶蹴鞠，对奇花异石、飞禽走兽有着浓厚的兴趣，尤其在书法绘画方面更是表现出了非凡的造诣。

再说赵佶的生日，也属实挺有意思。他出生在公元 1082 年五月初五，在古代人眼里，这个日子有毒——"子生五月五，男害父，女害母。"这就好比西方人眼中的十三日碰上了星期五，非常恐怖。

所以他爹为了免受坑爹之苦，从小就把他送到宫外居住，但即便如此，他为北宋带来的霉运也未能止步。

赵佶以一个王子的身份，承受着他这个身份不该有的孤苦伶仃，有爹没人教，有娘没人疼，等到长大回宫，已然浪荡成性，声色犬马无所不碰，拈花惹草无所不能。

作为一个皇族，赵佶身边本就美女无数，但他仍然感到非常孤独。他经常流连在灯红酒绿之处，对失足少女倾诉着人生的郁闷与苦楚。

小伙伴们对他的称呼亲切而又真实——真·夜店小王子。

当然，我们的夜店小王子也不是一无是处，起码他的艺术造诣早已名满江湖。

若论诗词歌赋，他的才气直追杜甫；若论书法，他的瘦金体更是独步天下；即便水墨丹青，他亦笔下有春风。

然而，又到了然而，然而有位名人说过："把人才放错了位置，他也不过是一块废料渣子。"

——沃兹基·硕德（我自己说的）！

这句话用在掌管天下的皇帝身上，也是一样。

比如明熹宗朱由校，横看竖看就是一个做木匠的料；又比如南唐后主李煜，他的才艺也只适合做个词帝。把江山交到这二位手里，不是把国家搞得分崩离析，就是丢了天下又赔妻。

赵佶也是如此，如果他不处在那个位置，他可能成为一个国学大师，名留青史。但他偏偏入错了行，从事了最不该从事的职业——君王。

说起赵佶能当皇帝，也是一个奇迹。

不知是不是赵佶身上的霉气属性过于豪横，他爹赵顼和哥哥赵煦都是年纪轻轻就驾崩了，谁拉着都不行。

不同的是，他爹虽然命不长，但身体倍棒，在生命有限的时间里，给他生了一帮兄弟。而他哥哥宋哲宗赵煦说起来则比较悲剧。

赵煦活着的时候，虽然在治国和生育方面都很努力，但人生一直被奶奶强行干预，最后连身边的服务员都换成了清一水的老丑宫女。

好不容易，赵煦瞅准时机，生下了一男四女，但那男孩只在世上停留了三月有余。

赵煦将悲伤抹去，正准备再接再厉，将生娃事业进行到底，突然间，不明原因暴毙。

他的离去，令有志之士痛哭流涕，令他的母亲悲伤至极，却让他爸爸的大老婆向太后窃喜，朝堂上再度展开了一场权利博弈。

现在出现了一个新的问题——赵煦之子幼年早毙，他死后该由谁来继承龙椅？

赵佶在兄弟中排行十一，全身上下又尽是劣迹，如果让正常人来做选择题，他根本没戏。

然而，向太后那条被私心带偏的思维轨迹，给赵佶的人生注入了无穷大的惊喜。

向太后其实也挺可怜，她儿子刚出生就和她说了再见，她本人长得可能也不太好看，赵顼估计也不太喜欢，所以此后再也没为皇家添过一女半男。

因此对她来说，谁当皇上都是——和我有什么关系呢？

关键时刻，还是章惇助攻了赵佶一波，虽然章惇并不想这么做，奈何阴差阳错。

宋神宗赵顼一生共有 14 个儿子，但从老大到老五，以及老七、老八、老十全都折了，后来驾崩的宋哲宗是老六，赵佶排行第十一。

所以摆在大家面前的是一道多选题。

当时本着民主精神，向太后询问满朝文武大臣："大家畅所欲言，看看该由谁来接班，敞开了说，我很民主的！"

章惇觉得自己是宰相，大事面前理应当仁不让，于是第一个开腔："母凭子贵，臣觉得应该立哲宗皇帝同母弟简王。"

其实简王赵似按血统来说，的确最有资格，而且为人也挺不错，但章惇这句话捅了马蜂窝。

下面请大家思考一会儿——什么叫母凭子贵？向太后即使拥有太后之尊，她也是一个普通女人，而不是神。一个普通女人，怎么可以容忍情敌的两个儿子先后称尊，让情敌将自己踩在脚下翻不了身？所以章惇这个建议，在向太后看来简直充满了恶意。

于是向太后微微一笑，阴恻恻地说道："老章你这样说话是什么意思？这几位皇子哪一个不是哀家的孩子？"

太后的话里暗藏杀机，在座的各位都是职场老狐狸，哪有听不明白的道理，于是简王出局。

却说简王出局，打了章惇个措手不及，导致他大脑一时麻痹，又提了个不靠谱的建议："若按照长幼之序，当立九子申王赵似！"

章惇话音一落，满朝文武都笑抽了，心说章惇你是来搞笑的吗？

为什么呢？因为赵似眼睛有病，形同盲人，他连奏折都看不了，他拿什么治理天下？

大家向章惇投去了异样的眼神，这事儿根本不做讨论。

好在章惇这个人够厚脸皮，建议接连两次被毙他也不闹情绪，掐算着活人继续往下捋……突然间，章惇感到电流遍体，浑身战栗："糟糕，该轮到端王赵佶了！"

章惇虽然不是个好人，但他的确能够识君。他深知赵佶每天不是踢球赏花、写字画画，就是跟失足少女勾勾搭搭，这样的人怎么能当皇上呢！

但当他看到向太后的冷笑，他顿时知道大事不妙！

果然，向太后接下来的话让他差点心梗在金銮殿："你不往下说，是不是眼里没有端王啊？"

章惇也不知为什么，突然间脑子一懵，正义之气上涌，大喝一声："端王轻佻，不可以君天下！"

就这一句，彻底为章惇的悲剧埋下伏笔。我们用后脑勺想都知道，他

敢说端王坏话,那端王一旦当了皇上,他还能有好下场?所以章惇最后凄凄惨惨地,被贬死在了外地。

当时,向太后听了这句话也很生气,而且是哄不好的那种。

向太后为什么这样生气?因为她对赵佶这个精神小伙好感度不低。

赵佶不仅在艺术领域很有造诣,在拍马屁领域也是所向披靡。他每天都去给向太后问安奉茶,想方设法溜须拍马,硬生生让向太后这个正牌后妈,觉得自己就是赵佶的亲妈!

章惇作为宰相,虽说权利很大,但宰相的粗胳膊怎么能拧得过太后的大长腿呢?再加上曾布等人暗藏心思,想把章惇掀下去取而代之,纷纷落井下石,章惇一瞬间被千夫所指——"所发议论,令人惊骇,不知居心何在!"

这顶大帽子一扣,章惇觉得自己真的不能承受,只能闭上嘴巴随波逐流。

向太后看到章惇被怼得哑口无言,内心想必也是无比灿烂,语气微微一缓,来了一段连她自己都差点信了的现场感言:"先帝在世的时候常当我面夸奖,说赵佶这孩子有福相,而且孝顺非常,比其他孩子强。"

能当上大官的人当然都不会太傻,在座的诸位瞬间听懂了太后的意思,于是纷纷站出来表示:"我们早就觉得端王是真命天子!"

就这样,因为皇兄早亡,侄子早殇,后妈帮忙,众臣无良,宰相中枪,赵佶因缘际会登基为皇,在大宋王朝掀起了滔天巨浪。

赵佶当上皇帝,本性依旧难移,哪怕暴雨淋漓,也要去京城各大会所观赏才艺,了解民意,非常接地气。

他最喜欢约谈的姑娘,就是 ID 为"师师"的北宋头牌歌姬,知名作家晏几道曾专门作词把她好一顿吹嘘:

远山眉黛长,细柳腰肢袅。妆罢立春风,一笑千金少。
归去凤城时,说与青楼道:遍看颍川花,不似师师好。

而作为文艺帝的赵佶，则最喜欢听师师唱那首《京东爱情小夜曲》："郎君啊，你是不是饿得慌，你要是饿得慌，对我师师讲，师师我给你溜肥肠……"

终于，赵佶对李师师的大包、大揽，引发了一个矮黑胖的强烈不满，心说你顶着皇帝的头衔，就可以抢我燕青兄弟心目中的"貂蝉"？于是在山东召唤了一百零八个好汉，振臂高喊：“跟我反！”

好吧，以上事件基本属于杜撰。李师师大概比赵佶早生20多年。宋江也没有集齐108条好汉，招揽兄弟数万，并被招安，而是带着36个队友打游击战，并被张叔夜的1000人马撵入包围圈，玩完。

其实，真正让北宋颤抖的是一位叫方腊的型男！

却说自从赵佶当上国主，不仅体恤民间疾苦，帮助失足女子无数。而且为了避免国民玩物丧志，下令没收一切奇花异石，统统封印在自己的皇家收藏室，丝毫不怕自己被那些邪物反噬。

可惜大家不能理解皇帝的用心良苦，反而觉得皇帝抢夺民物，强拆民屋，给他们带来了身在地狱一般的痛苦。于是方腊站出来了，说皇帝五行缺德，咱们反了他吧！

方腊的动静闹得很大，大到赵佶不得不动用王牌主力部队去镇压，费了九牛二虎之力才将方腊拿下。

然而，方腊虽然被拿下，一个更大的问题却冒出来了。

当时在辽国的小弟中，有一个叫完颜阿骨打的女真统领，非常生猛。因为不满辽国的长期压榨，反抗情绪爆发，毅然决然地对辽国下手了。

此时已从精神小伙劳累成中年大叔的赵佶觉得，自己的机会来啦！

前情我们回顾一下。

北宋自建国开始，就一直和辽国互撕，彼此都想把对方弄死，但谁都没有这个本事。总体来说，还是北宋吃瘪的时候比较多。

后来两家都打累了，辽国说，你给我发红包，咱们握手言和，好不

好？——打成共识！

于是北宋憋憋屈屈地和辽国做起了塑料兄弟。

不过虽说是塑料兄弟，辽国倒也挺讲道义，100多年里也没再去霸凌北宋这个弱弟弟。结果赵佶看到金国崛起，率先对兄弟玩起了心机。

当时朝中很多正直人士对此表示抗议，说我堂堂华夏儿女不能背信弃义——"辽为兄弟之国，存之可以安边；金为虎狼之国，不可交也！"

但赵佶小脾气很拧，谁劝也不听，一意孤行，派了个特工，以去东北买马为名，前往金国搞串联活动，史称"海上之盟"。

海上之盟商定了如下内容：

宋与金对辽进行两面夹攻，金攻取辽上京与中京，宋攻取辽西京和南京（今北京）。此事若成，宋按澶渊之盟的数额向金进贡，金则将燕云十六州送给北宋。

金国的完颜阿骨打非常雷厉风行，约期一到大兵压境，对辽国发起猛攻。此时的辽国已不复当年之勇，两国一碰，直接被女真打蒙，溃败如滔滔黄河泄洪。可是女真眼看就要将辽国推平，仍旧不见宋朝军队身影。

后来一打听，才知道北宋不是不出兵，而是刚一出兵就被辽国打了一个大反攻，残兵败将再无攻城拔寨之能。

这事说起来老尴尬了！

其实在金兵杀入之初，辽国曾态度良好的跑来向北宋求助，但北宋表示：爱莫能助！

结果辽国一生气，说你不仁就别怪我不义。于是辽国虽然被女真打残了血，却硬是残着血把北宋打得更残血。

既然北宋这个猪队友完全不靠谱，金国只能靠自己硬核征服。于是一路向西，硬是凭一己之力把辽国从世界版图中抹了下去。

事情发展成了这个局面，北宋也变得非常难堪，约好了合力作战，结果人家一家就把副本全部干完，这个时候你跑去要装备、要地盘，还要不要脸？

不过，北宋也是豁出去脸都不要了——要脸干什么，脸能当钱花啊？！

秉持着这种信念，北宋跑去跟金国谈判，说之前说得妥妥的，燕云十六州你得给我。

可能是为了奖励北宋的厚脸皮，金国最终还是在燕云十六州中给北宋割了一小块地。

交割完地皮，北宋君臣开始扬扬得意，给一帮打了败仗的"功臣"升官赏地，以庆胜利。赵佶还专门命人撰写《复燕云碑》猛拍自己的彩虹屁，好像开国两位大佬赵匡胤、赵光义办不到的事情，在他办来轻而易举。

这个时候的北宋君臣都在沾沾自喜，谁也没有意识到不远处埋伏着一场毁灭性的危机。

辽国在时，虽然与北宋各怀心思，但表面还有个兄弟的样子，一定程度上也为北宋解决了边疆的闹心事。辽国一亡，北宋与金国正式接壤，那孱弱的军事力量，使其直接成为金国的霸凌对象。

金国果然不够朋友，眼见北宋不是对手，也不顾曾经有过短暂的牵手，随便找了个借口，就跑到中原来抢山头。

这时完颜阿骨打已经呜呼哀哉，攻打宋朝的是他弟弟完颜吴乞买。赵佶说吴乞买你别得意，你是万万不能使我成为亡国之君的！紧接着，他使出了一个惊天地泣鬼神、举国被震晕的王霸之计——"儿子，爸爸没死就让你接班了，你感动吗？"

宋钦宗赵桓表示：你的良心不会痛吗？

实话实说，赵桓比他爹强很多，一上台就把童贯、蔡京、梁师成等误国之贼狂贬乱剁。但此时的北宋已经病入膏肓时日无多，赵桓的努力也只是临死挣扎罢了。

公元 1126 年，金人攻破北宋都城开封，虏走徽、钦二宗。北宋皇族几

乎全部成为战俘，公主帝姬受尽欺凌和侮辱，山河泣血，遍地惨哭。

此事件发生在靖康年间，故而被后人称之为"靖康之难"。

不过，就连金国也没有想到，他们在抄老赵家户口本的时候，竟然不小心漏掉了一个人。

救不救老爸和老哥？
——赵构一生无法化解的纠结

只见那人，面白无须，耳大脸圆，头戴方巾，脚蹬尖头靴，一身淡绿装束，如怒目金刚般死死盯着金兀术，忽地一声怒吼："还我河山！"

说完，那人将衣服猛地一扯，露出后背，但见背上赫然刺着四个大字——精忠报国！

......

救人是不可能的，这辈子都不可能的

上回书说到，金兵一鼓作气杀入北宋京城开封，然后点了份皇上全家桶，一路上边走边蹂躏，没被折腾死的全部押回了上京会宁（今哈尔滨市）。

金人本以为已将北宋赵氏一网打尽，宋朝将不可挽救地彻底凋零，没想到天网恢恢依然走漏，这条漏网之鱼就是康王赵构。

先说当年金兵兵围开封，围了里三层外三层，围得北宋君臣叫天天不应，叫地地不灵，这时候，只有徽钦二宗心里尚存一丝光明。他们觉得——小构迟早会来救我们的！

那么，小构当时是怎么做的呢？

此时赵构正在河北阅兵，徽钦二宗命他统领河北兵马速来解救京城，而他先是移师大名，继又转移到东平，一味躲避敌锋。

实话实说，即便当时赵构去了，可能也无法改变结果，也许他做出了正确选择。但眼睁睁看着自己父母兄弟、姐妹妻女被金兵抓入人间炼狱，却只顾保全自己，毫无营救之意，是不是有点说不过去？

在全族人被抓走的第二年，赵构迫不及待地在商丘加冕，改元建炎，史称宋高宗。

这边欢天喜地登基称帝，那边父兄妻女仍在遭受非人待遇，权利，让人性中的丑陋暴露无遗。

然而，徽钦二帝得知赵构在河南登基，并没有闹小情绪，毕竟在这种情况下，生命第一。他们把全家人的希望都寄托在了赵构身上，只希望不要一户口本都客死他乡。

194

为此，他们派大宋死忠曹勋偷渡回去。临行前，宋徽宗在一件贴身背心上写上"我是你爹，速来救我"，交给曹勋，希望赵构能够见字如面，早早解救父母兄弟。

赵构的老婆邢皇后得知此事，忙将二人的定情信物——金环交给宋钦宗，请他设法转交赵构，以勾起老公的相思之情。

环，即还，邢皇后此时非常迫切地想要脱离苦难。

然而，邢皇后太傻太天真了，赵构会救她吗？不会！——赎我媳妇不赎我爹和我哥，一定会被天下人唾沫淹死的！赎回我爹和我哥，我还当个屁皇帝呢！

于是，邢皇后被金人折磨死在东北，享年 34 岁。

那么，北宋其他皇室成员的命运又如何呢？

先说皇子，北宋灭亡前，宋徽宗 32 个皇子中有 7 人夭逝，剩下的 23 个皇子（不含赵桓、赵构），连同后来出生的赵极、赵柱、赵檀等六个皇子，与宋徽宗、宋钦宗一起做了亡国奴。

至于徽、钦二宗共 42 位公主，要么夭折，要么死于颠沛，要么成为金人的战利品，成为任人欺辱的奴隶，最后均不知所终。

公元 1135 年，宋徽宗赵佶终因不堪精神折磨死于黑龙江省依兰县。

史书上有一种说法，说宋徽宗死了，金人挖一个大坑将他火化，火化到一半，金人就开始灌水，于是尸油就漂了起来，金人用这个油点灯。宋钦宗被迫在一旁观看，泪流满面，想跳下去为父殉难。金人拉着不让，说你不能跳下去，你跳下去这油就点不了灯了，等你死了还得拿你熬油呢……

宋钦宗这次没死成，他在金国又苦苦煎熬了 21 年。而关于宋钦宗的死，也有一种说法：公元 1156 年，金海陵王完颜亮决定再打南宋。在大阅兵时，金兵举行马球赛，为了羞辱两位末代皇帝，命令辽末帝耶律延禧和宋钦宗各领一支球队比赛。

说时迟那时快，一支金骑突然闯了进来，一箭射中耶律延禧。宋钦宗

受惊落马，被马踩踏，金兵又一箭射中他的头颅，曾经的一国之主，就这样悲惨地一命呜呼。

如果这种说法是真的，我们很难说清，赵构此时会是什么样的心情。

我都下海了，你们别追了！

却说赵构刚当皇帝那会儿，迫于严酷的形势和舆论的风向，他不得不起用一些爱国名臣来掩人耳目。比如，李纲。

当时，南宋朝廷刚刚建立，李纲和宗泽一同人朝对答，两人谈起国事，慷慨流涕，李纲被任命为宰相，赵构也想留住宗泽，但黄潜善等人从中作梗，宗泽最终被外放到襄阳。

李纲上任以后，积极整顿军务，帮助南宋朝廷支撑局面，尚能为赵构所接受。然而，他坚决主张抗金，却是赵构所不能容忍的。

事实上，赵构当时真正言听计从的，是权奸汪伯彦、黄潜善，外加一些宦官。两个宠臣、一众太监，拢共没有一个纯爷们。

这帮人见到金人恨不得喊爹叫娘，根本没有胆量收复故疆，他们只想躲到金人鞭长莫及的地方，好好享受一下权力和金钱带来的欢畅。巧了，赵构也这么想。

因此，他们想方设法驱逐了李纲。

建炎三年（公元1129年），向来畏惧金兵的宋将刘光世不战而逃，致使金兵顺利渡过淮河，接着，金国骑兵奔袭南宋小朝廷所在的扬州。

这次领兵的正是著名狠人金兀术，他的学名叫完颜宗弼。

前方军情极端吃紧，赵构却还在扬州行宫里面过着花天酒地的生活。宦官得知消息以后赶忙去向赵构告急，赵构此时正在光天化日之下和宫女玩耍，金兀术率兵杀来的消息如一道晴天霹雳，雷得赵构顿时萎靡不振。此后好几十年，他一直饱尝着无儿无女的遗憾。

紧要关头，赵构也顾不得咨询急诊室医生，当即披上铠甲，纵马出城。

将士们见皇上骑着马就杀出来了，纷纷高呼：

"皇上威武！"

"御驾单挑，太帅了皇上！"

"我们爱你，皇上！"

然而，大家都想错了，赵构不是没有伞的孩子，他努力奔跑，是为了抢先逃命。

赵构表示：我从来不是一个勇于献身的人，我只关心自己的生命，你们不知道吗？上次金兵围开封的时候我也逃得很快！大宋律法没有规定皇帝一定要保护臣民，我一个人跑了，无须内疚！

赵构就这样丢下几万将士和扬州百姓，选择自己逃命，轻舟江上漂，漂到杭州赏花娇。

不久，金兵杀来，十几万扬州百姓和将士家属望着滔滔江水哭天喊地，要么溺水而亡，要么被金兵屠杀，活着的都成了金人的奴隶。

终于，被长久欺骗、遭受背叛的老实人出离愤怒了。

他们在苗傅、刘正彦二人的带领下，杀佞臣、诛宦官，肆意发泄一直以来被压抑的不满，硬生生将赵构拉下了金銮殿，史称"苗刘兵变"。

然而，正在这举国欢庆的时刻，吕颐浩、韩世忠、刘光世、张俊一顿神操作，赵构被重新推上了皇帝的宝座。

重新为帝，赵构本想就这样偏安一隅，可是金兀术表示：美不死你！

接下来金兀术追，赵构跑，追得赵构原地吓跪含泪求饶："天网恢恢，将安之耶？是以守则无人，以奔则无地，一并彷徨，蹐天跼地，而无所容厝，此所以朝夕然，惟冀阁下之见哀而赦己也。"

翻译过来就是，大哥给条活路吧，不要互相伤害了好不好！

金兀术表示：你和谁俩互相伤害呢？！你来伤害一个让我看看啊！

他一意将霸凌进行到底，根本不理赵构的梨花带雨，压根不给赵构任何喘息之机。

赵构一路抱头狂奔，最后逃窜到浙江沿海地区，前瞅瞅后瞅瞅，觉得自己已然无路可走，鼓足勇气："下海！海的那边一定会有不一样的风景！"

金兀术紧咬着赵构不放，一路尾随也到了海上，好在马背上的民族不善水战，赵构才侥幸逃出生天。

老婆你使劲擂鼓，擂死金兀术！

金兀术一看在海上没便宜可占，也开始收拾兵马，准备回家，给女朋友唱《月亮之下》。

但是，这时候有个人站出来说："金兀术你真把大宋当成你们社区的公共厕所了？想来就来想走就走吗？"

金兀术这边着急回家唱《月亮之下》，没想到刚一撤退就碰上了个硬茬。

大宋名将韩世忠，带领一众水军将金兀术堵在了长江之上，废话不讲，就是硬刚！

这韩世忠本来就是个暴走的英雄，没想到他还开了副外挂——他老婆梁红玉可能是历史上最会打鼓的女人，全程擂鼓助威，雷得金兵外焦里嫩，毫无死战之心，伤亡极大。

俗话说得好，一个被老婆疯狂点赞的男人，一定是贼拉幸福和成功的。

韩世忠找到了老婆，老婆还给他擂鼓助威，韩世忠太古滔滔之气逸兴云飞，在黄天荡用 8000 水军硬把金兀术 10 万大军堵得无路可退。

当然，韩世忠的水军只有 8000 多人，想要正面冲杀一口吃掉 10 万金军，显然是不现实的，韩世忠也不会做这么愚蠢的事情，他于是命海军船队封锁入江水道，准备把 10 万金军活活饿死在黄天荡内。

金兀术从未见过这种既用水军又开外挂、一边秀恩爱一边混合双打的犯规操作，他头一次觉得，自己是不是对夫唱妇随这个词有什么误解？嗯，一定是自己的汉语老师教错了！

这时的金兀术，被震碎的不仅是三观，还有那颗熊心豹子胆，他眼见自己的嫡系部队就要被集体饿死，终于低下了傲娇的头颅，派使者去和韩世忠讲和。

金兀术表示，老韩只要你愿意放我一马，我把抢来的财物全部送给你，另外再送你一匹宝马，你就给兄弟一条退路行不？

韩世忠大手一摆——概不答应！

此时有个金将献策，说："宋朝人贪财，如果大帅能用重金悬赏，或许还有希望。"

金兀术此时哪还顾得上惜财，当即下令挂出悬赏牌——只要你的方法有用，要多少钱我都答应。

所谓重赏之下，必有人叛敌，悬赏牌刚挂出去不久，就有一个王姓汉奸跑来献计，说金爷，咱们可以连夜挖开老鹳河故道，开渠 30 里，连通长江。为了得到更多赏赐，他还教金兀术用火攻阻挡追兵——宋军船大，动力靠帆，如果用火箭烧了船帆，宋军必败！

这边，韩世忠也准备置敌于死地，他派人打制铁索和铁钩，一遇敌船就往死了打，眼看就要大功告成，金兀术却突然命人集中火箭射船帆，宋军船只被烧毁许多，金兵趁机冲出黄天荡，通过秦淮河逃窜到长江水域，溜之大吉。

此战过后，"长江"二字成了金兀术的噩梦，终其一生他也未敢再渡江耍横……

朝天阙！你是想朝哪个天阙？

却说金兀术好不容易躲过韩世忠的围剿，灰头土脸一路奔逃，逃到南京刚一歇脚，吓倒！

这里还有一尊战神在虎视眈眈地等着他！

只见那人，面白无须，耳大脸圆，头戴方巾，脚蹬尖头靴，一身淡绿装束，如怒目金刚般死死盯着金兀术，忽地一声怒吼："还我河山！"

说完，那人将衣服猛地一扯，露出后背，但见背上赫然刺着四个大字——精忠报国！

没错，此人正是岳飞。

当即，岳飞带领岳家军 2300 个兄弟，冲下牛头山对着金兀术主力部队就是 10010 点暴击，金兀术仓皇逃逸，岳家军一举收复建康失地。

赵构得到消息，确认韩世忠和岳飞把金兀术打回了东北老家，这才敢踏实上岸，结束长达 4 个月的海上流亡生活。接下来该升官的升官，该嘉奖的嘉奖，假装一副贤主仁君的模样。

次年，赵构改元绍兴，并题字"绍祚中兴"，信誓旦旦地表示自己一定会继承国统，将大宋重新振兴。

为了掌控舆情，赵构始终表现出一种与金国此仇不共戴天的姿态，也为了做足姿态，表示自己不忘恢复中原，他始终将自己的据点杭州称为"行在"。

也许是老赵家人身体里都流淌着戏精的血液，赵构这番顶级造作让岳飞产生了错觉，他觉得皇上是真的想要收复山河，这让岳飞在面对金人时浑身充满了热血。他说：

"怒发冲冠，凭栏处、潇潇雨歇。抬望眼，仰天长啸，壮怀激烈。三十功名尘与土，八千里路云和月。莫等闲，白了少年头，空悲切。

靖康耻，犹未雪；臣子恨，何时灭？驾长车，踏破贺兰山缺。壮志饥餐胡虏肉，笑谈渴饮匈奴血。待从头，收拾旧山河，朝天阙！"

公元 1134 年，岳家军发起襄阳决战，连收 6 块地盘，一举击溃金人扶植的傀儡——伪齐政权。

这一壮举，逼得金国狠心将伪齐这个没用的附庸放弃，选择自己与南宋正面对弈。

正当岳飞觉得有机会大干一场的时候，金太宗完颜吴乞买挂了。完颜家族因为争夺权利，上演了一场大规模的职场宫斗剧。

赵构觉得这是个时机，于是派秦桧跑到金国送礼：议和吧！兄弟。

金国虽然不把南宋放在眼里，但此时此刻的确没工夫和他扯皮，于是怒骂一句：什么东西！然后——同意！

条件是：南宋取消国号，自愿藩属，每年纳贡。

对于这个结果，韩世忠和岳飞非常恼火："我们在前线拼死拼活，就为了让你有资格对人喊爹？"

对于这个结果，赵构非常认可——没事跟我扯什么尊严和气节？尊严能保住我的皇位，气节能保住荣华富贵吗？

对于这个结果，金人压根没当结果——老子就喜欢弱肉强食，你跟我谈什么守信约！于是金国的内部争斗一结束，金兀术马上又气势汹汹杀过来了！

说时迟那时快，岳家军再一次站了出来！

我管你什么铁浮屠、什么拐子马，在我岳某人眼里都是渣渣，金兀术，

你别让我碰上也就算了，碰上了立马把你按到墙上一顿摩擦。

金兀术再一次被岳飞打惨了，声泪俱下地喊出了一句话："撼山易，撼岳家军太难了！"

再次受到深刻的教训，金兀术这回彻底认怂了。他表示：南宋开了岳飞这副超级外挂，这仗压根没法打，你们爱谁打谁打，说啥我也不打了。我要回东北老家，给我媳妇唱《月亮之下》……

这时候有个人跑过来相劝，说四太子且慢，我感觉岳飞即将完蛋。

苍天无眼，果不其然！

却说岳飞在前线浴血奋战，战甲早已染红一片，他正准备挺进重镇朱仙，给金兀术再来一次永生难忘的纪念。突然间，赵构来了个一日金牌十二连，喊岳飞回家见面。如果不回，就泼脏水说你造反！

岳飞眼见胜利就在眼前，却被生生阻断，血泪涟涟，忍不住仰天长叹："十年之力，废于一旦！"

那么，赵构为什么非要喊岳飞回家呢？

他是这样想的——如果岳飞一直打胜仗……如果他把我哥接回来……我是不会让这种事情发生的！

人性的自私在这里显露无遗。是的，赵构心里只想着坐稳龙椅，恣意享受江山美人的惬意。至于亲人的死活，失地百姓是否水深火热，他才不管呢。

而岳飞，每天奋勇杀敌，时刻喊着要接回徽钦二帝，赵构能不起杀意？——朝天阙！朝天阙！你是想朝哪个天阙？！谁给你的高官厚禄，心里就没有点数吗？

这时，善于揣摩领导意图的秦桧跑过来跟赵构说："大哥，咱们和金国打仗就靠岳飞这张王牌，咱们要是把这张牌撕了……"

一拍即合！

就这样，赵构一边喊岳飞回家见面，一边让秦桧去跟金国赔礼道歉：

"金爷您只要给我留一小块江山，割地赔款，您看着办！"

面对南宋的诚意满满，金国着重提了两点：

一、你南宋向我金国称臣、送钱！

二、淮河以北以后都是我金国的地盘！

另外还有一个附加条件：我们要岳飞死，要岳飞死，要岳飞死……

紧接着，利欲熏心的赵构和秦桧就制造了令亲者痛、仇者快的风波亭惨案！一代英豪岳武穆含恨罹难！

天日昭昭！天日昭昭！

岳飞死后，他的老战友韩世忠质问秦桧："岳飞犯了哪条王法？你们非要弄死他！"

秦桧说："莫须有！"

莫须有，它的意思是：可能有吧……也许有吧……应该有吧……难道没有吗？——反正我老大想要他死，难道还需要理由？

不过，正义也许会迟到，但永远不会缺席！

金国在靖康年间的全家桶行动，以及赵构先生这后半生的不孕不育，直接导致了赵光义一脉子孙绝迹。

皇权交接来交接去，转了一个大圈，最后又回到了赵匡胤一系。

赵构的继位者叫赵昚，是赵匡胤的七世孙，被认为是南宋最有作为的皇帝，也是他首先为岳飞平反了冤案。

赵昚表示：我虽然不能将所有坏人惩治，但起码可以不让好人心寒。

完颜亮是个臭流氓，大家弄死他

赵构和秦桧签署的绍兴和议，虽然将南宋的气节和节操甩落一地，但也实打实地给南宋换来了20年的喘息之机。

利用这20年，南宋没心没肺地蓬勃发展，一不小心就又一次走上了时代的前沿，除了军事方面脆弱依然，其他方面全方位吊打老对手金国大汉。

而其中最显著的一点，就是特别有钱。

如果事情就这样发展下去，我们保不准南宋有一天会成为翻身的咸鱼，毕竟经济实力摆在那里，毕竟有钱真的可以靠买装备来完成青铜到王者的逆袭。

然而，一个靓仔的出位，彻底把南宋的梦想碾成了飞灰。

这个靓仔就是金海陵王完颜亮，他原本是个宰相，平时总是一副英俊潇洒人畜无害的模样。但其实他是一头伪装很好的深水狼，有一天他发现机会来了，便迫不及待地反水，自己直接上位当了金国的皇上。

登基为王的完颜亮开始原地膨胀，厚颜无耻地表示自己有三大人生志向：

一、军国大事，我说啥就是啥，我想杀谁我就杀！

二、兴兵远伐，征服天下，让各国君主管我叫爸爸！

三、四海摘花，把天下美女，一个一个都娶回家！

完颜亮在说这些话时，他的第一志向已经实现。

接下来为了实现另外两个"伟大"志向，他决定把南宋当成追梦的第一块战场。

赵构听说完颜亮前来茬架，终于男人了一把，当着全国观众喊话："完颜亮太欺负老实人了吧！这一次朕要御驾亲征！"

然后，他暗中派人备好了小舟，准备战鼓一响就开溜。

战争在1161年打响，果然和赵构预料的一样，两军一交锋，南宋就一路血崩，赵构都已经准备好了逃亡的干粮。

然而，惊喜和意外，你永远不知道哪个先来，这句话既适用于赵构，也适用于完颜亮。

就在赵构准备再一次溜之大吉的时候，他的惊喜说来就来了！他的惊喜来自一个名叫虞允文的下属，名字非常别嘴。

虞允文大学毕业以后一直在南宋小朝廷做文职工作，连只耗子都没杀过，他这次来的主要任务是给前线的兄弟们灌心灵鸡汤。

"完颜亮是个臭流氓！兄弟们如果失守长江，父老乡亲们一定会家破人亡。大声告诉我，这事儿能忍吗？"

"不能忍！不能忍！"

可能连他自己也万万没想到，这口鸡汤一下子灌猛了，整得兄弟们瞬间群情高涨，斗志昂扬。于是这2万人一下子使出了20万人的战斗力，硬生生把完颜亮15万大军堵在了采石矶。

对于完颜亮来说，他的意外是前方高能，后院起火。

他的部队被挡在采石矶不说，他弟弟完颜雍竟然趁他远征，黄袍加身，自己做起了金世宗。

完颜亮又气又急，下了一道让自己死不瞑目的死命令："如果三天不过长江，朕把你们全部挂成腊肠！"

这道命令一下，金国部队炸了。大家说就现在这种情况，你即便在京城三环奖励我一套高档住宅房，也无法使我强渡长江，可我决然不想被挂腊肠！

于是大家一商量，就把完颜亮挂了腊肠。

完颜亮一死，完颜雍便将征战停止，开始"大定之治"，宋金两国共度了一段短暂而和谐的日子。

赵构得知完颜亮挂了，突然间意气风发，拽着养子赵玮就去"御驾亲征"，威武极了。

然而赵构亲征回来，却发现大家看他的眼神都没有了光彩，反而是看赵玮时总是迸发出满满的爱。

赵构察觉了这种微妙的人心转向，也知道完颜亮毁约南侵早将自己的求和政策颜面扫光。于是假装很大气地让位给养子赵玮，赵玮改名赵昚，宋孝宗就是他了。

为了给自己找面子，赵构对宰执声称："我岁数大了，早就想退了。"事实上，他退位后还活了25年，禅让这年年仅56岁，身体十分健康。

君上暗弱，党禁酷烈，北伐翻车，吏风污浊

韩侂胄掌权，开始对赵汝愚的理学派进行清算，指示手下搜罗以朱熹为代表的理学派罪状。于是众人纷纷站出来举报，说朱熹讲的是"伪学"、说朱熹沽名钓誉、欺骗世人，收受贿赂、强抢民房……

……

钱太多没地花，那就北伐吧

宋孝宗赵昚是个不错的君王，在整个南宋帝王圈里声誉都是响当当。

他一上台就开始帮岳飞翻旧账，对受岳飞案牵连的人员速度平反、大力嘉奖，完全不管太上皇赵构的脸拉多长。

他的义举赢得了老百姓的一致赞扬，也表明了他坚定不移的北伐志向。

他是南宋最想有所作为的君主，也是南宋唯一志在恢复的君主。他即位不久，就召主战派代表张浚入京，共商恢复大计。对此，赵构很不以为然，泼冷水道："张浚浪得虚名，凭他恢复江山，等我死了也没戏！"

但赵昚北伐的决心非常坚定。

另一边，金主完颜雍一心想要和平发展，甚至派人来和南宋讲和。这就给了赵昚一种错觉——金国在采石矶被打残了血，莫不是已经怂了？

于是等攒够钱了，赵昚一声令下：北伐！这件事在历史上也是很出名的，叫隆兴北伐。

客观地讲，隆兴北伐的初衷没有毛病，赵昚也拿出了一个帝王该有的担当。但是，因为错误估计了自己和对方的实际力量，赵昚一脚踢在了铁板上，南宋本就孱弱的军队再一次受到重创！

赵昚没有办法，只能低头求和，史称"隆兴和议"。

金主完颜雍一心将国内维稳放在首位，本来也没想和南宋不死不休，眼见南宋服软，也就顺杆往下爬，达成共识！

"隆兴和议"约定：

宋主对金主要以叔相称；每年送礼银 20 万两、绢 20 万匹；

南宋放弃所占的海、泗、唐、邓、商、秦六州，双方疆界恢复绍兴和议时原状；

双方交换战俘，但叛徒不算！

公元 1189 年，金世宗完颜雍宾天，由皇太孙完颜璟接班掌权。

按照"隆兴和议"约定，花甲之年的赵昚要对鲜肉小伙完颜璟以叔叔相称，身体里流淌的血性让他断不能允许这种事情发生，于是干脆装病，让自己的妻奴外加神经病儿子接班执掌权柄。

与"绍兴和议"相比，南宋在"隆兴和议"中的地位有所改善。南宋皇帝不再向金朝称臣，岁贡改为岁币，数量也比"绍兴和议"减少 5 万匹，这是金朝最大的让步；而南宋在采石矶之战以后收复的海、泗等六州悉数还金，则是宋朝最大的让步。

双方的让步都是基于一种新的政治地缘的实力平衡，金朝的让步是出于内部的不够稳定，宋朝的让步是出于兵戎相见时太不争气。离开这点，空谈和议是否平等或屈辱意义不大。

"隆兴和议"以后，宋金关系再度恢复正常，直到"开禧北伐"才试图再次打破这种地缘政治的均衡状态。而"隆兴和议"到"开禧北伐"的 40 年间，对宋金双方来说，都是社会经济发展的最好时期。

朱熹摊事了，摊上大事了

公元 1189 年 2 月，赵昚正式将皇位"内禅"给太子赵惇，以太上皇的身份退居慈福宫。赵惇，史称宋光宗，宋光宗是南宋有名的疯皇帝。

当然，赵惇也不是天生疯魔，否则赵昚也不会传位给他，赵惇的疯，与他的媳妇有很大关系。

赵惇的媳妇李凤娘是有名的悍妇，当她还是太子妃的时候，就已经把老公整治得服服帖帖了，成为皇后以后，李凤娘耍起性子更加肆无忌惮，懦弱的赵惇既惧怕又无可奈何。

赵惇有一宠妃黄氏，肤白貌美，备受宠幸，李凤娘对此恨得牙根直痒痒，于是趁赵惇出宫祭祀之机，将其虐杀，然后派人去告诉赵惇，你最爱的那个妃子突然不明原因就死了！

赵惇明知是皇后下的毒手，但惊骇伤心之余，除了哭泣，连质问的勇气都没有，心中压抑极了。

事也凑巧，次日，赵惇祭天时突然发生了火灾，吓得赵惇魂不附体，好在转眼间大雨冰雹劈头而下，赵惇才没被烧死，但突如其来的打击与祭祀时发生的一连串怪事，直接导致赵惇的精神彻底崩溃。

从此以后，赵惇病情时好时坏，无法正常处理朝政，这正中李凤娘下怀，大权开始旁落。而李凤娘既无兴趣也无能力参决朝廷大政，权利对她而言，最大的作用就是可以为娘家捞好处。于是李氏家族一人得道，鸡犬升天。

不仅如此，李凤娘还屡屡挑拨赵惇与赵昚的父子关系，不许他再去给父亲问安。赵惇早就神经质地认为爸爸不喜欢自己，再加上怕老婆，便真的不再去见他爹了。就算大臣们苦苦哀求、叩头流血，也坚决不去。

更过分的是，赵昚驾崩时，赵惇听信老婆的挑唆，竟然连丧礼都不主持，而由太皇太后吴氏代行祭奠，大失为子之道，令举国哗然，天下愤怒，人心浮动，政局动荡。

这种情况下，宰相赵汝愚便与外戚韩侂胄等人凑一起一合计，说换人吧，再不换江山都让他们夫妻折腾没了，于是果断采取行动，以太皇太后的名义迫使赵惇退位，改由他的嫡长子赵扩即位。赵扩，即宋宁宗。

赵惇被迫"内禅"前，神经已经严重错乱，以致退居泰安宫后很长时间，还不知道自己已经做了太上皇。等他神志清醒得知真相后，便开始恨上了自己的儿子，长期拒绝父子相见，口口声声要搬回皇宫，而这时的李凤娘不知为何竟突然转性了，她耐心地约束、宽慰丈夫，才没闹出大乱子。

韩侂胄自以为在这次行动中立了大功，加上还有个外戚的身份，日益骄纵起来，与宰相赵汝愚形成两党对立，相互倾轧。

收拾政敌的机会终于来了，让韩侂胄有机可乘的，正是著名的朱熹。

朱熹是赵汝愚的人，被推举为赵扩的侍讲，但他给皇上讲学的时候经常议论朝政，含沙射影地弹劾韩侂胄。

韩侂胄当时正和赵扩打得火热，于是朱熹一本书还没讲完，就被皇上罢免了，赵汝愚亲自讲情都没有用。由此，赵汝愚与韩侂胄之间矛盾公开化。

公元 1195 年 2 月，韩侂胄小弟李沐上言：赵汝愚"以同姓居相位，将不利于社稷"。赵汝愚被罢相出朝，又被劾曾图谋篡权。翌年，赵汝愚在永州病死。韩侂胄只手遮天，权位重于宰相。

韩侂胄掌权，开始对赵汝愚的理学派进行清算，指示手下搜罗以朱熹为代表的理学派罪状。于是众人纷纷站出来举报，说朱熹讲的是"伪学"，说朱熹沽名钓誉、欺骗世人，收受贿赂、强抢民房……

朱熹被迫上表认罪，笼统承认，表示要改过。朱熹门徒，纷纷离去。

这年，韩侂胄小弟叶翥主考进士，凡是考卷讲到程朱义理，一律不取。儒学六经和《论语》《孟子》《大学》《中庸》，都成为"世之大禁"。据说"士之以儒名者，无所容其身"。

直到 8 年之后，酷烈党禁才基本解冻，却已对南宋后期历史产生了极其严重的负面影响。

不得不说的是，在党禁方兴之时，赵扩尽管暗弱无能，却代表着专制君权，正是他的最终转向，致使位仅从五品的韩侂胄在与宰相赵汝愚的党争中占尽了先机。其后六七年间，在宋宁宗的放任下，韩侂胄倒行逆施，为所欲为，专断朝政，排斥政敌，走上了权臣之路。及至党禁松动之日，其权臣之势已如日中天，不可摇撼。

而韩侂胄擅权不过是南宋后期接踵而至的权相专政的开端。从这一意义上，说"庆元党禁"是南宋历史大逆转的拐点，也毫不为过。

崇岳贬秦，韩侂胄任性再伐金

南宋时，不管出于什么动机，朝臣实际上分为两派，一派主张小心翼翼地侍候好北方的金国，维持眼下的和平局面，是为主和派；另一派则主张挥师北伐，收复失地，是为主战派，韩侂胄是著名的主战派代表。

韩侂胄的抗金情结由来已久，为了为北伐造舆论，他上台不久就进行了"崇岳贬秦"操作。

公元 1206 年，在韩侂胄的力主之下，南宋朝廷正式做出决定，削去秦桧王爵，并把谥号改为缪丑（荒谬、丑恶）。韩侂胄的"崇岳贬秦"，大大鼓舞了主战派的士气，沉重打击了投降、妥协势力，一时大快人心，南宋上下抗金情绪极度高涨。

韩侂胄执政期间，之前被排斥的主战官员再被起用，这些人在决策伐金的过程中起了重要的作用，比如"醉里挑灯看剑"的辛弃疾。

当时，金朝统治下的北方各族正在陆续发动抗金斗争，各族人民的反金起义也在各处兴起。金朝统治者日益陷于内外交困的局面之中。困居铅山的辛弃疾随时都在密切注视金国内部的动向。他被赵扩、韩侂胄再度起用后，一再表示金国必乱必亡，我们正好可以趁机干他。本来就准备北伐的赵扩、韩侂胄得到辛弃疾等人的建言，更加激起了北伐的紧迫感，坚定了抗金的决心。

公元 1205 年，韩侂胄加封平章军国事，总揽军政大权，次年，韩侂胄请赵扩正式下令，出兵北伐，"开禧北伐"全面爆发。

但是，不利因素随之不断出现。

决策出兵前，赵扩、韩侂胄重新任用了一些朱熹门徒，争取他们一致对外，但其中的某些人并不真诚合作。

甚至，韩侂胄部署北伐时，军中已经出了奸细。大将吴曦在四川暗通金朝，图谋叛变割据，求金朝封他作蜀王。宋出兵伐金时，金朝指令吴曦在金兵临江时，按兵不动，吴曦照做，金军东下，无西顾之忧。

吴曦的叛变，对宋军伐金的部署破坏极大。公元 1206 年六月，韩侂胄又用丘崈为两淮宣抚使，丘崈一上任就放弃了已占领的泗州，退军盱眙，宋军退守，金兵分九路进攻，战争形势由宋军北伐变为了金军南侵。随即，金国方面又秘密派人去见丘崈，示意讲和，丘崈密送金使北归，从此，丘崈多次遣使与金军谈和，暂行停战。

西线吴曦叛变，东线丘崈主和，韩侂胄日益陷于孤立了。开禧三年（公元 1207 年）正月，韩侂胄罢免丘崈，改命张岩督视江淮兵马，又自出家财 20 万，补助军需，但战势对南宋非常不利，最终赵扩只能派遣使臣方信孺到开封同金朝谈判。

方信孺带回消息，金人要求割两淮、增岁币、赔军银，还要北伐首领韩侂胄的人头，方可议和。

韩侂胄大怒，决意再度整兵出战。赵扩下诏，招募新兵，起用辛弃疾为枢密院都承旨。68 岁的辛弃疾这时得病家居，任命下达后，还没有去就任，就在家中病死了。

韩侂胄筹划再战，朝中一些官员却在挖空心思搞议和。开禧三年（公元 1207 年），主和派中坚分子史弥远率先弹劾韩侂胄，指责北伐以来军民死亡无数，耗费财资不可胜计，给国家带来惨重灾难。怂恿赵扩杀死韩侂胄，以消金人之怨，并换取对方退兵。

宫内的杨皇后与韩侂胄有旧仇，当初赵扩想立她为皇后时，韩侂胄曾立场鲜明地表示过反对，说杨氏心眼不好，杨皇后因此深深恨上了韩侂胄，于是趁着这个机会，她撺掇皇子赵询上奏，说韩侂胄"再起兵端，将不利于社稷"，请求赵扩诛除韩侂胄。

赵扩当然没有答应，韩侂胄对自己有拥立之功，长久以来，他一直倚

韩侂胄为臂膀，哪有敌人进逼，先断自己臂膀的道理？

主降派眼见撼不动韩侂胄，使出阴招，史弥远勾结杨皇后与皇子赵询，谎称得到密诏，指使近卫军司令夏震等人在韩侂胄上朝时，搞突然袭击，将韩侂胄劫至临安城南门外玉津园夹墙内杀害，杀完人他们才将事情奏报给赵扩。赵扩见木已成舟，只得顺水推舟，由着杨皇后众人行事。

然后又是一样的配方，一样的味道：赔钱！史称"嘉定和议"。

"嘉定和议"，金与宋由叔侄之国改为伯侄之国，岁币由 20 万增为 30 万；另加犒军银 300 万两，这是以往和议中从来没有过的。

这个宋金议和史上最为屈辱的和议，引起朝野上下普遍不满，大家都暗地里对史弥远骂娘，然而，实际上对他毫无办法。

翻云覆雨，史弥远导演"雪川之变"

史弥远与杨皇后等人暗杀韩侂胄以后，将他的头颅送往金国，达成"嘉定和议"，史弥远因功升任右丞相兼枢密使。

与史弥远一起谋杀韩侂胄，对金乞降求和的赵询，不久被立为太子，嘉定十三年（公元 1220 年），死。次年，赵扩另立赵竑为皇太子。

赵竑喜欢鼓琴，史弥远就找来善琴的美女送给他，明面是讨他欢心，其实是让美女充当自己的间谍。

赵竑非常讨厌史弥远，一次在宫壁上的地图前，指着琼厓道："哪天小爷得志，就把史弥远流放到此。"史弥远得到消息，内心十分忧虑，日夜思考怎样搞掉赵竑。后来，他从民间找来赵与莒，称是赵匡胤后人，赐名贵诚，立为沂王之子，大力扶植。

公元 1224 年，赵扩病危，史弥远假传圣旨，改立赵贵诚为太子，易名赵昀，封成国公。赵扩驾崩后，史弥远说服杨皇后同意，立即派人去宣召赵昀。

太子赵竑被召进宫中时，赵昀已经正式即位，史称宋理宗。

赵竑气愤不已，不肯向新皇下跪。殿前都指挥使夏震强行按住赵竑的头，才算完成了登基仪式。原太子赵竑则被废为济王，出居湖州。

湖州人潘壬、潘丙兄弟及堂兄潘甫等人对史弥远擅自废立很愤慨，于是与山东红袄军李全联络，准备拥立赵竑为帝。结果到了约定日期，他们被李全放了鸽子。潘壬等人没有办法，临时组织起一帮盐贩子和太湖渔民，半夜进入湖州城，将赵竑拥入州衙，黄袍加身，立为皇帝。

潘壬随即以李全的名义发布榜文，列举史弥远的罪状，声称将率领精兵20万，水陆并进，直捣临安。

第二天天亮，赵竑发现所谓的兵马不过是当地渔民假扮，所谓20万，其实不足百人。他感觉这事儿太扯淡了，就这点人，连个村子都打不下，还想自立为皇？他不假思索，急忙倒戈，一面派人向朝廷告变，以求自己脱身，一面率领州兵追捕潘壬等人。史弥远得报后，调军弹压，事变很快平息。

史弥远担心还会有人利用赵竑作乱，于是假称济王有病，命门客秦天锡前往诊治。秦天锡宣称朝令，逼迫赵竑自杀，对外称病死。赵竑死后，史弥远剥夺了他的王爵。因湖州别称霅川，这场事变即被称作“霅川之变”。

“霅川之变”后，众多大臣、包括理学大师真德秀、魏了翁上书为赵竑鸣冤，都被史弥远贬出朝廷。一直到宋恭帝时，谢太后（宋理宗皇后谢道清）主持朝政，才在朝臣的建议下恢复了赵竑爵位。

祸乱天下者——寿终正寝

史弥远掌权以后，立刻恢复了秦桧的申王爵位及忠献谥号，积极奉行降金乞和政策，使南宋军民十分不满，但凡有点热血的爱国人士，都恨不得搞死他。

在"嘉定和议"签订的次年，赞同"开禧北伐"的军官罗日愿与殿前司、步军司军官杨明、张兴等，试图谋杀史弥远，未成，都被处死。

嘉定十四年（公元1221年），又发生了殿前司军官华岳谋杀史弥远事件。在"开禧北伐"时，华岳作为军事理论家，曾以战略眼光指出，应该在金国破坏和议时攻金，而不应在准备不足时主动北伐。为此，他被韩侂胄穿了小鞋。但尽管如此，相对韩侂胄，他对史弥远的乞降求和行为更为不满，极欲杀之，又未成，华岳被杖死东市。

史弥远虽然侥幸逃过两劫，但也是心有余悸，而且朝中大臣对他独揽朝政、迫害济王、矫诏立理宗多有微词。虽然赵昀因感念他的拥立之功，一直纵容庇护他，但所谓伴君如伴虎，万一哪天皇上不想庇护了呢？因而，史弥远多次上疏，希望告老还乡，未获批准。

结果，担心什么就来什么。

晚年时，史弥远想在家乡找一块好墓地作为归宿。不料竟引出一场风波，几乎使他遭受灭顶之灾。

相传，史弥远为找墓地招集许多风水先生，最终看中了阿育王寺这块"八吉祥六殊胜地"。史弥远觉得很合心意，便下令在那年中秋节后拆寺建坟。

阿育王寺的和尚们听到这个消息非常愤怒，但敢怒不敢言，毕竟他们没法对抗宰相大人，众人急得如热锅蚂蚁六神无主，这时，有个叫师范的小和尚表示，他有办法阻止强拆，我们可以如此这般这般……

南宋京城临安，一个月黑风大的夜晚，城门、宫墙、大街上都贴着这样一张诗单：

育王一块地，常冒天子气；丞相要做坟，不知主何意？

临安百姓对史弥远早就满腔怨恨，见了诗单后便纷纷转发评论——"史弥远要霸占天子气，他要谋皇篡位啦！"

消息很快传进皇宫，赵昀素知史弥远为人，过去他能一手遮天帮自己坐上皇位，如今难保他不会自导自演。于是，赵昀将史弥远宣进皇宫，查问此事。

史弥远也怕皇上翻脸，不光富贵保不住，恐怕还要灭九族，于是赶紧撒谎说："臣的坟墓早已选在东钱湖大慈山上了，诗单纯属造谣生事，无中生有，望万岁明察，还我一个清白！"这样一来，阿育王寺被保留下来，史弥远的坟墓也真的选在东钱湖大慈山了。

绍定六年（公元 1233）十月，史弥远病重，才肯将他的小弟郑清之升为右丞相，结束了自己独相 26 年的历史。次日，以病危致仕，授两镇节度使，封会稽郡王，数日后去世，追封卫王，谥忠献。

史弥远所赐谥号是与秦桧谥号相同的忠献，并非完全是巧合，也许是讨论谥号的礼官们认为，史弥远和秦桧就是同一类人，这在当时是士大夫们的某种共识。

著名文学家刘克庄，在一年多后给赵昀的札子中，就公开将史弥远列为与秦桧一样的"小人"，指出"柄臣浊乱天下久矣……"

然而，由于史弥远一直倡导理学，史弥远死后不久，理学又被确定为

南宋官方的统治思想，宋末及元代一些理学人士对之心怀感激之情。所以在元代理学人士参与修撰的《宋史》中，史弥远不仅没有被列入《奸臣传》，而且在《史弥远传》中也竭力进行粉饰，阴谋杀害韩侂胄被写成侠肝义胆，违反宁宗遗志非法扶立理宗也被写得名正言顺，至于降金乞和则只字未提。对其罪恶，仅在传末用数句贬语以终篇。

所以说，历史，很多时候并不是你所看到的样子。

引虎拒狼再现，南宋死得
一点也不冤！

此时的南宋心里虽然有点小忐忑，也怕蒙古人收拾完金国回头对自己搞侵略，可惜金国当时已经失去作为"唇"的实力了，那么，南宋也只能做出对自己最有利的选择……
……

小赵，我铁木真想跟你借个道

把时间往回拉一点。

话说"嘉定和议"签完没多长时间，南宋突然跟金国翻脸，说小金你想要钱就不能自己凭本事赚？老从我这讹诈还有没有下限？

小金你是不是看我南宋人民讲究以和为贵，就觉得谁都可以来我们这里收人头税？

小金你给我听着，虽然我们南宋钱多得小金库都装不下，但如果我们继续给钱，就是向罪恶势力低头，是纵容你们犯法。

所以我们经过商讨一致决定，这钱以后绝对不给了！

我天！百年跪族的腰杆竟然在这一瞬间挺直了！究竟是谁，给了南宋这么大的勇气？

画个重点，大家记一下：

让南宋一下子觉得自己又有资格挺直腰的那个人，姓孛儿只斤，名铁木真，蒙古乞颜部落小王子出身，打起架来特别狠。

这不是重点，重点是他9岁时就定了亲！

羡慕归羡慕，嫉妒归嫉妒，但其实铁木真也挺命苦。

铁木真小时候爸爸被人谋杀，刚结婚媳妇又被人绑架，但他仍然相信那样一句话：所有杀不死你的，终会使你变得更强大！

铁木真是这么想的，也是这么做的。

他寄人篱下，厚积薄发，东拉西打，迅速壮大，乃至将所有蒙古部落都划归到自己旗下。他表示：我之所以这么努力，就是为了有一天实现王者荣耀！

铁木真终于等到了这一天，他王者荣耀加冕，天下皆称之为——"成吉思汗"。

和当初辽金之争的剧情基本一样。成吉思汗统一蒙古以后，觉得是时候在全世界范围内扬威立万了，于是将套马杆对准了昔日的东北老大金国。

金和宋互撕了100多年，好东西一点没学到，士大夫的酸臭气倒学得成绩斐然，战斗力早已急转直下。结果两军一开战，金国就被蒙古直接打到防御瘫痪。经此一役，金国君臣都吓坏了，他们主动讲和，请求放过。

事实上，此时的蒙古也不具备全盘碾压金国的实力，与其硬刚到底，伤人伤己，不如达成合议，争取最大利益，于是就说：你弱你有理，这次放过你。

好好威了一把，成吉思汗感觉这感觉真心不差，喜滋滋地带着兄弟们和各种各样、环肥燕瘦的战利品，优哉游哉地回草原牧马放歌去了。

蒙古军一走，金国的皇帝完颜永济立马开溜，跑到河南开封躲避风头，他是真让蒙古铁骑给吓破胆了。结果，这反而给了成吉思汗再次发兵的理由——咱都讲和了，你还跑啥？你这不是怀疑我的人品吗？兄弟们干他！

接到成吉思汗的命令，蒙古军队二话不说就包围了金国都城，把没来得及跑路的金国皇族全部打包带回了黑帐篷。

是不是感觉这是个似曾相识的场景？徽钦二宗表示：你们金国人也有今天啊！

金国这时的处境非常尴尬，论打架打不过人家，想躲避已经没有多少可躲的地盘了，想来想去，就想起自己还有个钱多人怂的大侄子。于是决定——取偿于宋！

而南宋觉得，此时的金国已经被蒙古打残了血，还怕他啥呢？这红包我们坚决不会再给了！

金国正好以此为名，指责南宋不讲信用，对南宋发动了大规模战争。这场仗一打就是7年，打得两国都实力大减，但谁也没把谁打服软。

在此期间，成吉思汗不断派人来搞离间，表示愿意和宋联手瓜分金的

地盘。南宋内心蠢蠢欲动……嗯，他又想墙头蹦迪了！

当然，南宋君臣也不是完全没脑子，也有人担心过"海上之盟"的旧事重演，所以与蒙古的关系是既暧昧又防范。

嘉定十七年（公元 1224 年），新即位的金哀宗完颜守绪下令停止对宋战争，这样一来，蒙古对于南宋而言，已经失去了制约金国的实际价值，宋蒙关系迅速降温。恰好此时，金哀宗有意与南宋联防武休，以防备蒙古绕道攻击金国后方，这对金、宋两国无疑是一件双赢的好事，无奈金国当权大臣认为，找南宋那个战五渣合作太丢脸，表示反对，而南宋方面也不甚热心，最后此事未能成行。

不过事情很快出现了转机。宝元三年（公元 1227 年），蒙军悍然进攻南宋川陕战区，由于四川制置使郑损擅自做出了弃守关外五州（阶州、成州、凤州、西和州、天水军）的错误决定，致使自吴玠时代以来南宋经营百余年的"三关五州"防御体系彻底瓦解。这就是著名的"丁亥之变"。

此后，南宋对蒙古愈加冷落，朝内再无和蒙之议，甚至还与金国开展了一定程度的合作。由于没有了宋的支持，蒙古对金作战依然没有取得进展，陷入了"入关不能，渡河不可"的尴尬境地，无计可施的蒙古人只好另想他法。

公元 1227 年农历八月，成吉思汗魂游天国，临行前，吩咐子孙继续执行"若假道于宋，宋金世仇，必能许我"的对外之策。

但成吉思汗的想法过于简单了，南宋方面早就识破了蒙古的企图。所以，绍定三年（公元 1230 年）蒙古派遣李邦瑞使宋的时候，宋廷直接选择了拒绝其入境。由此可见，南宋的外交还是很务实的，与蒙古交往也不过是互相利用的权宜之计，其最终目的还是为自己的利益服务。

窝阔台的直推与蒙哥的大迂回

公元 1229 年，窝阔台接过铁木真的大旗，登基称汗，整个欧亚大陆为之一颤。

窝阔台性格霸道，手段狠辣，为了争夺汗位，不惜毒死自己的弟弟拖雷，狠人已经不足以形容他了，我们应该叫他"狼灭"。

狼灭可汗表示，我不管你南宋支持不支持，我一样能把金国打死，但你自己个寻思寻思，我对于不支持我的人向来都以敌人视之。

金国此时危如累卵，也顾不得什么颜面，主动来向南宋求援，说大侄子你拉叔叔一把吧，唇亡齿寒！

是不是对这个画面又出现了似曾相识之感？你的感觉没错，辽国当初就是这么被北宋拒绝的。

此时的南宋心里虽然有点小忐忑，也怕蒙古人收拾完金国回头对自己搞侵略，可惜金国当时已经失去作为"唇"的实力了，那么，南宋也只能做出对自己最有利的选择……

公元 1234 年，宋蒙合作，金亡国。至此，宋金之间的百年争斗，终于彻底终止。

而宋蒙之间的关系，也确实有过一个短暂的平和，这主要是因为窝阔台要去欧亚大陆扫货，他想带着弟兄们冲出亚洲，走向世界！

至于窝阔台以什么理由西征……他根本不费脑筋跟你找理由，反正他想西征，你和他没矛盾，他也征你……

霸道，无情，好残忍。

然而，这段平和竟然让南宋自己给主动打破了！

我们已经无法证实，是什么样的奇异事件导致南宋君臣大脑集体断电，只知道他们突然又想起北方曾经也是自己的美丽田园，于是高喊着"驱除鞑虏，还我河山"，冲到开封就干掉了窝阔台留在这里镇守的一个大官。

这件事让窝阔台心里非常生气，说本来因为有过合作关系，我还真不好意思直接收拾你，但你要这么作死的话，我不成全你是不是看不起你啊？

事实上，窝阔台早就想侵犯南宋，只是苦于出师无名，这下妥了，大兵压境！

好在南宋虽然战斗力非常垃圾，但好歹也和金国对抗了100多年，早练就了一手好防御——小样的，虽然我打不过你，但我扛打啊！

蒙古不知道南宋还有这方面的准备，贸然选择正面硬推，结果碰了一鼻子灰。

窝阔台想喝点酒消消火，结果量没控制好，一不小心把自己喝死了。

新上任的可汗蒙哥表示：皇天在上，厚土在下，窝阔台汗，你安心去吧！我接着打。

蒙哥一上台就决定改变策略，采取迂回作战，派一部分人绕到南宋侧面，对其形成死亡夹击。于是南宋赵氏还没怎么样呢，大理段氏先亡国了。

不过蒙哥也有点命短，在攻打南宋钓鱼城时，一不小心竟然被流箭给射死了，他的离去直接导致了蒙古内乱。

当时蒙哥虽然死了，但他有个弟弟比他还彪悍，谁呢？——忽必烈！

忽必烈不光是个军事家、政治家，还是个美食家、发明家，小伙伴们心心念念的涮羊肉，据说就是他发明的。

蒙哥死的时候，忽必烈正在另一块战场上和南宋血战，听闻哥哥罹难，连争汗位这么大的事情都不着急去办，非要和南宋来个你死我活。

就在南宋生死存亡之际，事情突然出现转机——蒙哥的另一个弟弟阿里不哥，准备对忽必烈动手了！

此时与忽必烈对抗的是著名奸臣贾似道，他知道这是天赐良机不容错过，赶忙跑过去求和："大哥你再不回家，老婆孩子都保不住了！我们给钱，还愿意割江为界，你先回去处理家事吧！"

就这样，一番甜言蜜语，外加赔钱割地，南宋方面又赢得了一段喘息之机。

皇上，襄阳一直安然无恙……

当时，贾似道答应把江北土地割给蒙古，并且每年向蒙古进贡银、绢各 20 万。忽必烈得了贾似道的许愿，就急忙撤兵回北方争汗位去了。

贾似道回到临安，把私自订立和约的事瞒得严严实实，却抓了一些蒙古兵俘虏，吹嘘各路宋军取得大胜，不但赶跑了鄂州的蒙古兵，还把长江一带敌人势力全部肃清了！

赵昀听信了贾似道的弥天大谎，说我小舅子威武，干得漂亮！来人啊，下诏，嘉奖！

忽必烈回到北方，在大多数蒙古贵族支持下得到汗位。他想起了和贾似道的约定，就派使者前往南宋，准备要南宋履约。

贾似道得到消息，吓死了！他怕骗局露馅，直接把蒙古使者扣了起来。忽必烈炸了！但是，当时他正处于跟阿里不哥争夺权利的白热化阶段，实在腾不出手收拾南宋，此事只好暂时作罢。贾似道躲过一劫。

赵昀死后，太子赵禥即位，就是宋度宗。赵禥封贾似道为太师，拜魏国公，地位高得没人能跟他比。贾似道欲擒故纵，一面假意要求告老还乡，一面又派亲信散播谣言，说蒙古军又要打过来了。刚即位的赵禥就苦苦留他，这样一来，他的地位就越来越高了。

赵禥还专门给他在西湖葛岭造了一座豪华别墅，贾似道每天在葛岭过着逍遥快活、奢侈淫乐的日子，朝政大事，都得由官员到别墅去找他决定。

南宋此时烂到根了!

忽必烈稳定了内部,打败阿里不哥以后,在公元1271年称帝,改国号为元,史称元世祖。接着,忽必烈发布了新中国成立后的第一项重大军事命令——找不讲信用的南宋算账!

忽必烈以南宋不履行合约为由,派重兵直取襄阳。襄阳当时有没有郭靖不知道,但大概会有王靖、张靖,总之大家拼死抵抗,但实力悬殊,连战连败,襄阳城被围了整整5年。

临安这边,贾似道把前线消息封锁起来,不让赵禥知道。有个官员向赵禥告急,奏章被贾似道截胡,那个官员马上就被革职了。

有一天,贾似道上朝,赵禥问他:"爱卿,听说襄阳已经被蒙古围了几年,我们怎么办?"

贾似道非常惊讶:"蒙古兵早被我们打退了,陛下从哪儿听来的谣言啊?"

赵禥表示是无意间听到某个宫女说起的,当天,该宫女便在宫中失联。从此以后,赵禥再也听不到蒙军进攻的消息了。

在襄阳被围的5年里,无能皇帝赵禥一直被贾似道蒙蔽,完全不知道襄阳危急。襄阳守军既无粮草又无外援,苦苦死战,最终兵败城破。

襄阳是南宋的命之根本,襄阳一失,南宋已死。

浮汉入江,南宋彻底没了屏障

元军突破襄阳,南宋朝野上下大为震动,急忙调整部署,把战略防御重点退移至长江一线。

忽必烈强令征兵10万,增加攻宋兵力,决定自襄阳顺汉水入长江,直取临安。

元军兵至郢州，遭遇南宋黄州武定诸军都统制张世杰顽强阻截，为减少损失，早日入江，元军统帅伯颜令大军绕过郢州经黄家湾、藤湖迂回而进。

伯颜军进至沙洋堡，派人招降，宋守军置之不理，再招降，再不理。日暮，北风大起，伯颜命炮手顺风发金汁炮，烟焰燎天，城中房舍几乎被烧尽，沙洋被攻破。守将王虎臣、王大用等人做了俘虏，其余全部被屠。

伯颜军又进至新城，以为是座小堡，可不攻而破，又招降，守城宋军固拒。元军大力攻城，新城守军全力应战，差点射杀襄阳降将吕文焕。新城将士浴血奋战 4 昼夜，终因寡不敌众，城堡陷落，守将边居谊及妻儿、守城 3000 将士全部阵亡。

伯颜军随后占领汉口，架浮桥，大军强渡长江，沿江诸将多为襄阳降将吕文焕的老下级，在吕文焕的招降下，黄州、蕲州、安庆等地守将不战而降。

此时，身在两淮的宋朝降将刘整唯恐吕文焕立下头功，一气之下，竟然……气死了。这人脾气也是真够大的。

听说刘整死了，贾似道来了精神，亲率南宋最后的精锐 13 万人、2500 艘战船逆江而上，迎击伯颜的大军，决定南宋生死存亡的一战到来了！

然而，贾似道抵达芜湖后，非但不积极部署防御，反而先遣返元军战俘，原来，他想故伎重施，再跟伯颜来个假合议，但蒙古人现在要的根本不是赔付的银子和地盘，而是南宋的整个江山！固拒。

无奈之下，贾似道只得下令步军指挥使孙虎臣率 7 万兵马列阵于丁家洲，同时命水军统领夏贵率 2500 艘战船横亘江中，他自己率后军驻扎鲁港。

伯颜水陆大军齐至丁家洲，与宋军相距数里，展开对峙。

水战本是宋军的强项，但夏贵害怕贾似道打胜仗，而自己在鄂州战败，会因此受到惩罚，竟然不战而逃……

贾似道听说前军溃了，吓死了，急忙下令收兵，企图乘船先逃往扬州，在扬州整顿兵马，再和元军战一下。但元军根本不给他喘息的机会，伯颜下令全线追击，掩兵追杀 150 余里。最终，丁家洲一战以元军完胜而告终，此战元军俘获宋将 30 余人，士卒数万，战船 1000 余艘。

赵禥本以为这是场大决战，谁知道贾似道送了他一场大溃败，元军几乎不费吹灰之力，就让南宋主力13万人丧失殆尽。

随即，元军一路如入无人之境，推进到南京，南京守将开城投降，元军再进一步，攻陷镇江，控制了整个江东地区，建立起稳固的南进基地。

与此同时，为防止两淮宋军南下救援，忽必烈命大将阿术率军渡江，进围扬州。阿术在扬州东南的瓜洲修筑工事、堡垒，截断了宋军增援部队，又派水师堵截江面，控制了长江天险，断绝了宋军渡江南救临安的通道。

南宋立国，以长江为防线，以两淮为藩篱，如今长江、两淮皆失，南宋都城临安完全失去了屏障。元军在建康休整后，兵精粮足，战斗力更加强盛，临安，岌岌可危！

人生自古谁无死，留取丹心照汗青！

差不多八百年前，一个男孩在父亲的书房中看到欧阳修的画像，谥号是"忠"，他两眼放光，大声说道："做男人当如此，誓不能当汉奸！"

N多年后，他考中状元，皇上钦点的。年少得志，才情甚高，又是南宋最靓的仔，要是不浪，那才怪了。史书上说，他最大的爱好就是锦衣玉食，左拥右抱……此处省略一万字。他就是大家耳熟能详的文天祥。

但，人是会变的。就像你眼中的浪子，他的心底未必不是个好人，他也未必没有立地成佛的一天。

所谓浪子回头金不换，前提是，你要给浪子回头的机会。

当蒙古骑兵的铁蹄踏破河山之际，他变了，铁骨铮铮，一往无前。

公元1275年，忽必烈下定灭宋决心，南宋求和被拒，蒙古大军直逼临安城。

临安要隘独松关，南宋守将张濡率兵北上阻击元军，与元军骑兵展开鏖战。宋军虽是精兵强将，但只有数千人，而且都是步兵，虽然奋勇冲杀，却难以阻挡强大的蒙古铁骑，终被击溃，主将张濡殉难，士兵死伤 2000 余人，元军控制了临安的北大门。

江苏常州，伯颜命元军架云梯、绳桥攻城，元军攻入城内。常州守将姚岩率将士浴血奋战，终因寡不敌众，没有外援而失败。姚岩、王安节诸将阵亡，僧人万安、莫谦之长老率僧兵赴援，500 名僧兵全部战死。伯颜下令屠城，全城只有 7 人幸免于难。场面极其悲壮！

公元 1276 年，临安城破，太皇太后谢氏抱着 5 岁的宋恭帝赵㬎出城投降。有气节的大臣们开始流亡。

同年五月，文天祥和陈宜中、张世杰、陆秀夫等人在福州拥立益王赵昰为帝，改元景炎。

公元 1278 年，赵昰病死。次年，赵昺登基，成为宋朝的最后一位皇帝。

公元 1279 年，因为叛徒出卖，文天祥在海丰兵败被俘。忽必烈对他劝降、诱降、逼降，他，只求一死。

随即，张世杰战船沉没，陆秀夫眼见"靖康之耻"即将重演，背着刚满 8 岁的小皇帝赵昺跳海而亡。

南宋，在灭国之际，终于像了一把男人。

三年后，文天祥在北京菜市口向南而拜，从容就义，他说："人生自古谁无死，留取丹心照汗青！"

孔曰成仁，孟曰取义，我们读书究竟是为了什么？起码不应该是为了出国留学，自觉人模狗样，再回踩祖国。

——为中华之崛起而读书！